Armando Barraza

El que guarda la inteligencia hallara el bien

Armando Barraza

El que guarda la inteligencia hallara el bien

Inteligencia, el bien

JustFiction Edition

Imprint

Cover image: www.ingimage.com

Publisher:
JustFiction! Edition
is a trademark of
Dodo Books Indian Ocean Ltd. and OmniScriptum S.R.L publishing group

120 High Road, East Finchley, London, N2 9ED, United Kingdom
Str. Armeneasca 28/1, office 1, Chisinau MD-2012, Republic of Moldova, Europe
Printed at: see last page
ISBN: 978-620-0-10894-4

El que guarda la inteligencia hallara el bien.

Autor. Armando Barraza Cuellar.

Capitulo uno.

"El que guarda la inteligencia hallara el bien".

Resumen.

El que guarda la inteligencia hallara el bien. En este primer capítulo, el titulo esta muy interesante, porque nos lleva al cerebro humano, donde habitan todos los decretos, todos los tesoros, del bien, y entre ellos, están: la sabiduría, la inteligencia, la prudencia, la bondad, el servir a los demás, el amor sinceridad y verdadero, que cuando ves a una persona en tu diario vivir, y ves que tiene problemas para caminar en algunos de los dos miembros inferiores, te complacieses de ella o de él, esto quiere decir que los problemas de salud de los demás,, te duele ,te preocupa, y quiere decir que esto dice mucho de tu persona, así debería de ser con todos y cada uno de nosotros que vivimos en este planeta Tierra.

Palabras clave.

Amor, inteligencia, bien, sabiduría, prudencia, servid, compadecer, servid, enfermedad, deambular, caminar, diario vivir.

Introducción. El que guarda la inteligencia hallara el bien. En este primer capítulo, el titulo está muy interesante, porque nos lleva al cerebro humano, donde habitan todos los decretos, todos los tesoros, del bien, y entre ellos, están: la sabiduría, la inteligencia, la prudencia, la bondad, el servir a los demás, el amor sinceridad y verdadero, que cuando ves a una persona en tu diario vivir, y ves que tiene problemas para caminar en algunos de los dos miembros inferiores, te complacieses de ella o de él, esto quiere decir que los problemas de salud de los demás,, te duele ,te preocupa, y quiere decir que esto dice mucho de tu persona, así debería de ser con todos y cada uno de nosotros que vivimos en este planeta Tierra. Amor, inteligencia, bien, sabiduría, prudencia, servid, compadecer, servid, enfermedad, deambular, caminar, diario vivir. Si tu querido lector (a) examinas tu Masa Encefálica hallaras en ella tres cerebros en la cual cada cerebro tiene sus funciones específicas, y en este momento vamos a hablar del cerebro humano porque en él están los frutos, de la sabiduría, dela inteligencia, de la consejería ,del poder, del conocimiento y al Esencia de Dios el Eterno, pues, si usamos correctamente los frutos que están ahí, entonces serenos realmente seremos personas humanizadas, que nos vamos a dar cuneta que estamos hechos a Imagen y semejanza del Creador, es por ello, que si guardaos la inteligencia para bien, pues toda la humanidad seria otro, más humanos, pero por desgracia hoy día, es todo lo contrario nos inclinamos a hacer el mal, ¿Por qué? ¡No lo sé! Muy bien, ahora que ya sabemos que cada persona hemos nacido con todos los atributos para poder vivir en armonía con conmigo mismo y con los demás aquí lo más importante es reconocer, que solo yo decido que hacer con mi vida, y si por alguna razón , hay alguien o yo mismo no puedo vivir en armonía, y que necesito ayuda espiritual, pues existe un Creador Eterno que él siempre está dispuesto a ayudar, el solo quiere que la persona reconozca que solos no podemos hacer nada, y que nuestro corazón-mente se quebrante y que nuestro espíritu - conciencia sea humilde, pero que sea sincero, y además el conoce a cada uno de nosotros los que vivimos en esta tierra, y si en verdad somos sinceros, el viene con su Espíritu Santo, Dios el eterno y Cristo ayudarme y me llenara de su infinito amor y su gran misericordia, y además me dará las herramientas para que yo, siga adelante tal como debe de ser.

Metodología sistemática. El que guarda la inteligencia hallara el bien. En este primer capítulo, el titulo está muy interesante, porque nos lleva al cerebro humano, donde habitan todos los decretos, todos los tesoros, del bien, y entre ellos, están: la sabiduría, la inteligencia, la prudencia, la bondad, el servir a los demás, el amor sinceridad y verdadero, que cuando ves a una persona en tu diario vivir, y ves que tiene problemas para caminar en algunos de los dos miembros inferiores, te complacieses de ella o de él, esto quiere decir que los problemas de salud de los demás,, te duele ,te preocupa, y quiere decir que esto dice mucho de tu persona, así debería de ser con todos y cada uno de nosotros que vivimos en este planeta Tierra. Amor, inteligencia, bien, sabiduría, prudencia, servid, compadecer, servid, enfermedad, deambular, caminar, diario vivir. Si tu querido lector (a) examinas tu Masa Encefálica hallaras en ella tres cerebros en la cual cada cerebro tiene sus funciones específicas, y en este momento vamos a hablar del cerebro humano porque en él están los frutos, de la sabiduría, dela inteligencia, de la consejería ,del poder, del conocimiento y la Esencia de Dios el Eterno, pues, si usamos correctamente los frutos que están ahí, entonces serenos realmente seremos personas humanizadas, que nos vamos a dar cuneta que estamos hechos a Imagen y semejanza del Creador, es por ello, que si guardaos la inteligencia para bien, pues toda la humanidad seria otro, más humanos, pero por desgracia hoy día, es todo lo contrario nos inclinamos a hacer el mal, ¿Por qué? ¡No lo sé! Muy bien, ahora que ya sabemos que cada persona hemos nacido con todos los atributos para poder vivir en armonía con conmigo mismo y con los demás aquí lo más importante es reconocer, que solo yo decido que hacer con mi vida, y si por alguna razón , hay alguien o yo mismo no puedo vivir en armonía, y que necesito ayuda espiritual, pues existe un Creador Eterno que él siempre está dispuesto a ayudar, el solo quiere que la persona reconozca que solos no podemos hacer nada, y que nuestro corazón-mente se quebrante y que nuestro espíritu - conciencia sea humilde, pero que sea sincero, y además el conoce a cada uno de nosotros los que vivimos en esta tierra, y si en verdad somos sinceros, el viene con su Espíritu Santo, Dios el eterno y Cristo ayudarme y me llenara de su infinito amor y su gran misericordia, y además me dará las herramientas para que yo, siga adelante tal como debe de ser.

Discusión.

El que guarda la inteligencia hallara el bien. En este primer capítulo, el titulo está muy interesante, porque nos lleva al cerebro humano, donde habitan todos los decretos, todos los tesoros, del bien, y entre ellos, están: la sabiduría, la inteligencia, la prudencia, la bondad, el servir a los demás, el amor sinceridad y verdadero, que cuando ves a una persona en tu diario vivir, y ves que tiene problemas para caminar en algunos de los dos miembros inferiores, te complacieses de ella o de él, esto quiere decir que los problemas de salud de los demás,, te duele ,te preocupa, y quiere decir que esto dice mucho de tu persona, así debería de ser con todos y cada uno de nosotros que vivimos en este planeta Tierra. Debemos de reconocer que tenemos todas las herramientas para vivir en armonía, solo nos hacer falta, pedir ayuda al Dios Altísimo, que él nos ayude porque en nuestra Masa Encefálica tenemos tres cerebros y el cerebro medio hormonal, sexual, ahí anida la semilla de la iniquidad del "mal" y es ahí donde existe la guerra espiritual en cada ser humano que vivimos en este planeta llamado Tierra, y es por ello que solos no podemos hacer nada, necesitamos la ayuda del Espíritu Santo, de Dios al Sublime y de Jesús, pero, debemos de reconocer, que necesitamos ayuda de emergencia, y aun así, no queremos pedir, ayuda somos tan egoístas, tan soberbios tan vanidosos, que por ello, estamos como estamos. Ahora bien, hay que recordar que el ser humano tenemos la tendencia de actuar mal, es decir, nos gana la arrogancia, la soberbia, la ignorancia, la pereza cerebral y somática, y todo lo que nos hace daño cerebral y somática, pero tenemos un cerebro humano, que ahí se anida los atributos para ser mejores, porque tenemos la capacidad de decidir y decir un NO, cuando hay que dé, no, y un Si cuándo hay que decir sí. Pero antes de decir un No, o un Si, hay que reflexionar en silencio, y elaborar mapas mentales y cognitivos en segundo, para no hacer en el abismo de la ignorancia. Lo que sucede es que, para hacer las cosas viables, se necesita un doble esfuerzo cerebral, y somático, y ahí estriba el gran problema, que no queremos batallar para nada, y eso está muy mal, porque las cosas viables, piden un esfuerzo, porque nosotros los seres humanos lo podemos hacer.

Imagen.

Recapitulando. El que guarda la inteligencia hallara el bien. En este primer capítulo, el titulo está muy interesante, porque nos lleva al cerebro humano, donde habitan todos los decretos, todos los tesoros, del bien, y entre ellos, están: la sabiduría, la inteligencia, la prudencia, la bondad, el servir a los demás, el amor sinceridad y verdadero, que cuando ves a una persona en tu diario vivir, y ves que tiene problemas para caminar en algunos de los dos miembros inferiores, te complacieses de ella o de él, esto quiere decir que los problemas de salud de los demás,, te duele ,te preocupa, y quiere decir que esto dice mucho de tu persona, así debería de ser con todos y cada uno de nosotros que vivimos en este planeta Tierra. Amor, inteligencia, bien, sabiduría, prudencia, servid, compadecer, servid, enfermedad, deambular, caminar, diario vivir. Si tu querido lector (a) examinas tu Masa Encefálica hallaras en ella tres cerebros en la cual cada cerebro tiene sus funciones específicas, y en este momento vamos a hablar del cerebro humano porque en él están los frutos, de la sabiduría, dela inteligencia, de la consejería ,del poder, del conocimiento y la Esencia de Dios el Eterno, pues, si usamos correctamente los frutos que están ahí, entonces serenos realmente seremos personas humanizadas, que nos vamos a dar cuneta que estamos hechos a Imagen y semejanza del Creador, es por ello, que si guardaos la inteligencia para bien, pues toda la humanidad seria otro, más humanos, pero por desgracia hoy día, es todo lo contrario nos inclinamos a hacer el mal, ¿Por qué? ¡No lo sé! Muy bien, ahora que ya sabemos que cada persona hemos nacido con todos los atributos para poder vivir en armonía con conmigo mismo y con los demás aquí lo más importante es reconocer, que solo yo decido que hacer con mi vida, y si por alguna razón , hay alguien o yo mismo no puedo vivir en armonía, y que necesito ayuda espiritual, pues existe un Creador Eterno que él siempre está dispuesto a ayudar, el solo quiere que la persona reconozca que solos no podemos hacer nada, y que nuestro corazón-mente se quebrante y que nuestro espíritu - conciencia sea humilde, pero que sea sincero, y además el conoce a cada uno de nosotros los que vivimos en esta tierra, y si en verdad somos sinceros, el viene con su Espíritu Santo, Dios el eterno y Cristo ayudarme y me llenara de su infinito amor y su gran misericordia, y además me dará las herramientas para que yo, siga adelante tal como debe de ser.

Cuadro mental.

El que guarda la inteligencia hallara el bien. En este primer capítulo, el titulo está muy interesante, porque nos lleva al cerebro humano, donde habitan todos los decretos, todos los tesoros, del bien, y entre ellos, están: la sabiduría, la inteligencia, la prudencia, la bondad, el servir a los demás, el amor sinceridad y verdadero, que cuando ves a una persona en tu diario vivir, y ves que tiene problemas para caminar en algunos de los dos miembros inferiores, te complacieses de ella o de él, esto quiere decir que los problemas de salud de los demás,, te duele ,te preocupa, y quiere decir que esto dice mucho de tu persona, así debería de ser con todos y cada uno de nosotros que vivimos en este planeta Tierra. Debemos de reconocer que tenemos todas las herramientas para vivir en armonía, solo nos hacer falta, pedir ayuda al Dios Altísimo, que el nos ayude porque en nuestra Masa Encefálica tenemos tres cerebros y el cerebro medio hormonal, sexual, ahí anida la semilla de la iniquidad del "mal" y es ahí donde existe la guerra espiritual en cada ser humano que vivimos en este planeta llamado Tierra, y es por ello que solos no podemos hacer nada, necesitamos la ayuda del Espíritu Santo, de Dios al Sublime y de Jesús, pero, debemos de reconocer, que necesitamos ayuda de emergencia, y aun así, no queremos pedir, ayuda somos tan egoístas, tan soberbios tan vanidosos, que por ello, estamos como estamos. Ahora bien, hay que recordar que el ser humano tenemos la tendencia de actuar mal, es decir, nos gana la arrogancia, la soberbia, la ignorancia, la pereza cerebral y somática, y todo lo que nos hace daño cerebral y somática, pero tenemos un cerebro humano, que ahí se anida los atributos para ser mejores, porque tenemos la capacidad de decidir y decir un NO, cuando hay que dé, no, y un Si cuándo hay que decir sí. Pero antes de decir un No, o un Si, hay que reflexionar en silencio, y elaborar mapas mentales y cognitivos en segundo, para no hacer en el abismo de la ignorancia. Lo que sucede es que, para hacer las cosas viables, se necesita un doble esfuerzo cerebral, y somático.

Resumiendo, el capítulo uno. El que guarda la inteligencia hallara el bien. En este primer capítulo, el titulo está muy interesante, porque nos lleva al cerebro humano, donde habitan todos los decretos, todos los tesoros, del bien, y entre ellos, están: la sabiduría, la inteligencia, la prudencia, la bondad, el servir a los demás, el amor sinceridad y verdadero, que cuando ves a una persona en tu diario vivir, y ves que tiene problemas para caminar en algunos de los dos miembros inferiores, te complacieses de ella o de él, esto quiere decir que los problemas de salud de los demás,, te duele ,te preocupa, y quiere decir que esto dice mucho de tu persona, así debería de ser con todos y cada uno de nosotros que vivimos en este planeta Tierra. Amor, inteligencia, bien, sabiduría, prudencia, servid, compadecer, servid, enfermedad, deambular, caminar, diario vivir. Si tu querido lector (a) examinas tu Masa Encefálica hallaras en ella tres cerebros en la cual cada cerebro tiene sus funciones específicas, y en este momento vamos a hablar del cerebro humano porque en él están los frutos, de la sabiduría, dela inteligencia, de la consejería ,del poder, del conocimiento y la Esencia de Dios el Eterno, pues, si usamos correctamente los frutos que están ahí, entonces serenos realmente seremos personas humanizadas, que nos vamos a dar cuneta que estamos hechos a Imagen y semejanza del Creador, es por ello, que si guardaos la inteligencia para bien, pues toda la humanidad seria otro, más humanos, pero por desgracia hoy día, es todo lo contrario nos inclinamos a hacer el mal, ¿Por qué? ¡No lo sé! Muy bien, ahora que ya sabemos que cada persona hemos nacido con todos los atributos para poder vivir en armonía con conmigo mismo y con los demás aquí lo más importante es reconocer, que solo yo decido que hacer con mi vida, y si por alguna razón , hay alguien o yo mismo no puedo vivir en armonía, y que necesito ayuda espiritual, pues existe un Creador Eterno que el siempre está dispuesto a ayudar, el solo quiere que la persona reconozca que solos no podemos hacer nada, y que nuestro corazón-mente se quebrante y que nuestro espíritu - conciencia sea humilde, pero que sea sincero, y además el conoce a cada uno de nosotros los que vivimos en esta tierra, y si en verdad somos sinceros, el viene con su Espíritu Santo, Dios el eterno y Cristo ayudarme y me llenara de su infinito amor y su gran misericordia, y además me dará las herramientas para que yo, siga adelante tal como debe de ser.

Tus manos
me hicieron y me formaron;
dame entendimiento
para
que aprenda
tus
mandamientos.
Salmos 119:73
Fe & esperanza

Cómo la ciencia de la calidad del óvulo puede ayudarla a embarazarse, prevenir abortos e incrementar la posibilidad de embarazarse por FIV

Capitulo dos.

El principio de la sabiduría es el temor de Jehová, Los insensatos desprecian la sabiduría y la enseñanza. (proverbios. 1:7).

Resumen. El principio de la sabiduría es el temor de Jehová, Los insensatos desprecian la sabiduría y la enseñanza. (proverbios. 1:7). **1: 7 el temor de Jehová.** Aquí se introduce el tema dominante de este libro, y en particular de los primeros nueve capítulos, la reverencia para con Dios (vea versículo 29; 2:5; 3:7; 8: 13; 9:10; 14: 26, 27; cp. también Job. 28: 28; Salmo. 34: 11; Hechos. 9: 31). Vea la introducción: Temas históricos y teológicos. Este sentimiento reverente de maravilla y admiración y de temor sumiso es fundamental para todo conocimiento y sabiduría espiritual (cp. 2:4-6; 9:10; 15: 33; Job. 28: 28; Salmo 111:10; Eclesiastés 12: 13). En tanto que el incrédulo puede hacer declaraciones acerca de la vida y de la verdad, no posee la verdad ni el conocimiento esencial hasta que tenga una relación redentora de maravilla reverencial para con Dios.

Palabras clave. Observemos la progresión aquí:

1) Enseñanza acerca de Dios; 2) aprendizaje acerca de Dios; 3) temor de Dios; 4) conocimiento de Dios, y 5) imitación de la sabiduría de Dios.

Introducción.

El principio de la sabiduría es el temor de Jehová, Los insensatos desprecian la sabiduría y la enseñanza. (proverbios. 1:7). **1: 7 el temor de Jehová.** Aquí se introduce el tema dominante de este libro, y en particular de los primeros nueve capítulos, la reverencia para con Dios (vea versículo 29; 2:5; 3:7; 8: 13; 9:10; 14: 26, 27; cp. también Job. 28: 28; Salmo. 34: 11; Hechos. 9: 31). Vea la introducción: Temas históricos y teológicos. Este sentimiento reverente de maravilla y admiración y de temor sumiso es fundamental para todo conocimiento y sabiduría espiritual (cp. 2:4-6; 9:10; 15: 33; Job. 28: 28; Salmo 111:10; Eclesiastés 12: 13). En tanto que el incrédulo puede hacer declaraciones acerca de la vida y de la verdad, no posee la verdad ni el conocimiento esencial hasta que tenga una relación redentora de maravilla reverencial para con Dios. 1) Enseñanza acerca de Dios; 2) aprendizaje acerca de Dios; 3) temor de Dios; 4) conocimiento de Dios, y 5) imitación de la sabiduría de Dios. El temor de Jehová es un estado de la mente en el que las propias actitudes, la voluntad, los sentimientos, las acciones y los objetivos se cambian por los de Dios (cp. Salmo. Capítulo 42, versículo 1). Sal. 42:1). El ser humano tenemos los cinco conceptos que ya se mencionaron anteriormente pero que son de suma importancia recordarlos.

1) Enseñanza acerca de Dios; 2) aprendizaje acera de Dios; 3) temor de Dios; 4) conocimiento de Dios, y 5) imitación de la sabiduría de Dios.

Resumiendo: seria así: enseñanza, aprendizaje, temor, conocimiento y sabiduría de Dios para todo aquel o aquella que quiera tener un encuentro profundo con Dios, todos los días de su vida, esto ya depende de cada persona, porque Dios siempre ha estado dispuesto, el gran problema somos nosotros, que no queremos la comunión diaria, segundo a segundo con el Eterno, ¡No sé por qué!

Metodología sistemática.

El principio de la sabiduría es el temor de Jehová, Los insensatos desprecian la sabiduría y la enseñanza. (proverbios. 1:7). **1: 7 el temor de Jehová.** Aquí se introduce el tema dominante de este libro, y en particular de los primeros nueve capítulos, la reverencia para con Dios (vea versículo 29; 2:5; 3:7; 8: 13; 9:10; 14: 26, 27; cp. también Job. 28: 28; Salmo. 34: 11; Hechos. 9: 31). Vea la introducción: Temas históricos y teológicos. Este sentimiento reverente de maravilla y admiración y de temor sumiso es fundamental para todo conocimiento y sabiduría espiritual (cp. 2:4-6; 9:10; 15: 33; Job. 28: 28; Salmo 111:10; Eclesiastés 12: 13). En tanto que el incrédulo puede hacer declaraciones acerca de la vida y de la verdad, no posee la verdad ni el conocimiento esencial hasta que tenga una relación redentora de maravilla reverencial para con Dios. 1) Enseñanza acerca de Dios; 2) aprendizaje acerca de Dios; 3) temor de Dios; 4) conocimiento de Dios, y 5) imitación de la sabiduría de Dios. El temor de Jehová es un estado de la mente en el que las propias actitudes, la voluntad, los sentimientos, las acciones y los objetivos se cambian por los de Dios (cp. Salmo. Capítulo 42, versículo 1). Sal. 42:1). El ser humano tenemos los cinco conceptos que ya se mencionaron anteriormente pero que son de suma importancia recordarlos.

1)Enseñanza acerca de Dios; 2) aprendizaje acera de Dios; 3) temor de Dios; 4) conocimiento de Dios, y 5) imitación de la sabiduría de Dios.

Resumiendo: seria así: enseñanza, aprendizaje, temor, conocimiento y sabiduría de Dios para todo aquel o aquella que quiera tener un encuentro profundo con Dios, todos los días de su vida, esto ya depende de cada persona, porque Dios siempre ha estado dispuesto, el gran problema somos nosotros, que no queremos la comunión diaria, segundo a segundo con el Eterno, ¡No sé por qué!

Discusión.

El principio de la sabiduría es el temor de Jehová, Los insensatos desprecian la sabiduría y la enseñanza. (proverbios. 1:7). **1: 7 el temor de Jehová.** Aquí se introduce el tema dominante de este libro, y en particular de los primeros nueve capítulos, la reverencia para con Dios (vea versículo 29; 2:5; 3:7; 8: 13; 9:10; 14: 26, 27; cp. también Job. 28: 28; Salmo. 34: 11; Hechos. 9: 31). Vea la introducción: Temas históricos y teológicos. Este sentimiento reverente de maravilla y admiración y de temor sumiso es fundamental para todo conocimiento y sabiduría espiritual (cp. 2:4-6; 9:10; 15: 33; Job. 28: 28; Salmo 111:10; Eclesiastés 12: 13). En tanto que el incrédulo puede hacer declaraciones acerca de la vida y de la verdad, no posee la verdad ni el conocimiento esencial hasta que tenga una relación redentora de maravilla reverencial para con Dios. 1) Enseñanza acerca de Dios; 2) aprendizaje acerca de Dios; 3) temor de Dios; 4) conocimiento de Dios, y 5) imitación de la sabiduría de Dios. El temor de Jehová es un estado de la mente en el que las propias actitudes, la voluntad, los sentimientos, las acciones y los objetivos se cambian por los de Dios (cp. Salmo. Capítulo 42, versículo 1). Sal. 42:1). El ser humano tenemos los cinco conceptos que ya se mencionaron anteriormente pero que son de suma importancia recordarlos.

1)Enseñanza acerca de Dios; 2) aprendizaje acera de Dios; 3) temor de Dios; 4) conocimiento de Dios, y 5) imitación de la sabiduría de Dios.

¿Por qué no queremos tener un encuentro con Dios? ¡Si nos conviene, ya que al morir este cuerpo que es materia orgánica e inorgánica se va el alma y el espíritu! ¿Cuál es el temor que tiene el ser humano hoy día?

Hay que buscar hoy: la enseñanza acerca de Dios, el aprendizaje acerca de Dios, el temor de Dios, el conocimiento de dios y hay que imitar la sabiduría de Dios, y solo así podremos tener Paz, esa paz que solo Dios nos la puede dar, y así seremos más sanos, las enfermedades se irán de nosotros, y viviremos más anos aquí en la tierra.

Imagen.

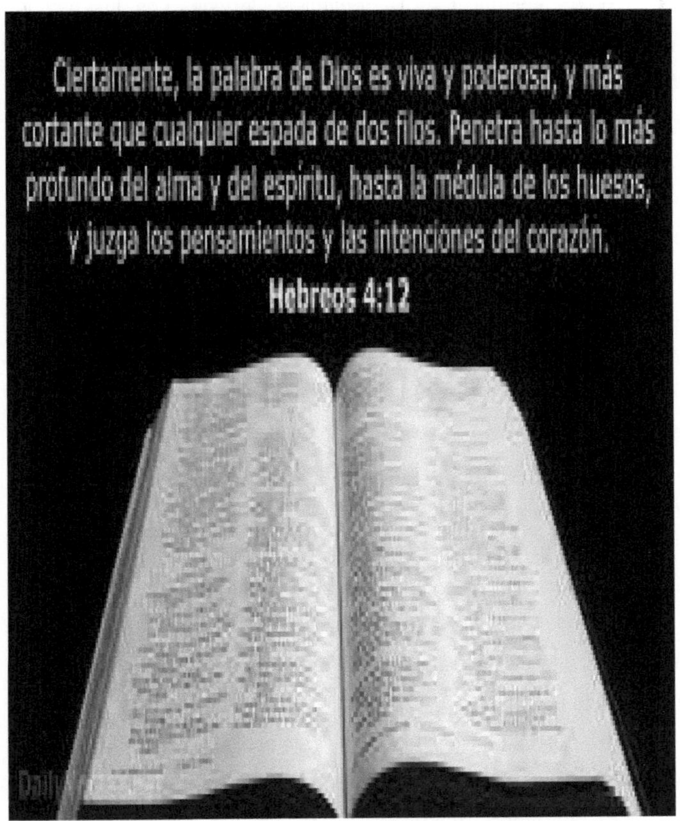
Ciertamente, la palabra de Dios es viva y poderosa, y más cortante que cualquier espada de dos filos. Penetra hasta lo más profundo del alma y del espíritu, hasta la médula de los huesos, y juzga los pensamientos y las intenciones del corazón.
Hebreos 4:12

Cuadro mental.

El principio de la sabiduría es el temor de Jehová, Los insensatos desprecian la sabiduría y la enseñanza. (proverbios. 1:7). **1: 7 el temor de Jehová.** Aquí se introduce el tema dominante de este libro, y en particular de los primeros nueve capítulos, la reverencia para con Dios (vea versículo 29; 2:5; 3:7; 8: 13; 9:10; 14: 26, 27; cp. también Job. 28: 28; Salmo. 34: 11; Hechos. 9: 31). Vea la introducción: Temas históricos y teológicos. Este sentimiento reverente de maravilla y admiración y de temor sumiso es fundamental para todo conocimiento y sabiduría espiritual (cp. 2:4-6; 9:10; 15: 33; Job. 28: 28; Salmo 111:10; Eclesiastés 12: 13). En tanto que el incrédulo puede hacer declaraciones acerca de la vida y de la verdad, no posee la verdad ni el conocimiento esencial hasta que tenga una relación redentora de maravilla reverencial para con Dios. 1) Enseñanza acerca de Dios; 2) aprendizaje acerca de Dios; 3) temor de Dios; 4) conocimiento de Dios, y 5) imitación de la sabiduría de Dios. El temor de Jehová es un estado de la mente en el que las propias actitudes, la voluntad, los sentimientos, las acciones y los objetivos se cambian por los de Dios (cp. Salmo. Capítulo 42, versículo 1). Sal. 42:1). El ser humano tenemos los cinco conceptos que ya se mencionaron anteriormente pero que son de suma importancia recordarlos.

1)Enseñanza acerca de Dios; 2) aprendizaje acera de Dios; 3) temor de Dios; 4) conocimiento de Dios, y 5) imitación de la sabiduría de Dios.

¿Por qué no queremos tener un encuentro con Dios? ¡Si nos conviene, ya que al morir este cuerpo que es materia orgánica e inorgánica se va el alma y el espíritu! ¿Cuál es el temor que tiene el ser humano hoy día Hay que buscar hoy: la enseñanza acerca de Dios, el aprendizaje acerca de Dios, el temor de Dios, el conocimiento de Dios y hay que imitar la sabiduría de Dios, y solo así podremos tener Paz, solo Dios nos la puede dar, y así seremos más sanos.

Recapitulación. El principio de la sabiduría es el temor de Jehová, Los insensatos desprecian la sabiduría y la enseñanza. (proverbios. 1:7). **1: 7 el temor de Jehová.** Aquí se introduce el tema dominante de este libro, y en particular de los primeros nueve capítulos, la reverencia para con Dios (vea versículo 29; 2:5; 3:7; 8: 13; 9:10; 14: 26, 27; cp. también Job. 28: 28; Salmo. 34: 11; Hechos. 9: 31). Vea la introducción: Temas históricos y teológicos. Este sentimiento reverente de maravilla y admiración y de temor sumiso es fundamental para todo conocimiento y sabiduría espiritual (cp. 2:4-6; 9:10; 15: 33; Job. 28: 28; Salmo 111:10; Eclesiastés 12: 13). En tanto que el incrédulo puede hacer declaraciones acerca de la vida y de la verdad, no posee la verdad ni el conocimiento esencial hasta que tenga una relación redentora de maravilla reverencial para con Dios. 1) Enseñanza acerca de Dios; 2) aprendizaje acerca de Dios; 3) temor de Dios; 4) conocimiento de Dios, y 5) imitación de la sabiduría de Dios. El temor de Jehová es un estado de la mente en el que las propias actitudes, la voluntad, los sentimientos, las acciones y los objetivos se cambian por los de Dios (cp. Salmo. Capítulo 42, versículo 1). Sal. 42:1). El ser humano tenemos los cinco conceptos que ya se mencionaron anteriormente pero que son de suma importancia recordarlos.

1)Enseñanza acerca de Dios; 2) aprendizaje acera de Dios; 3) temor de Dios; 4) conocimiento de Dios, y 5) imitación de la sabiduría de Dios.

¿Por qué no queremos tener un encuentro con Dios? ¡Si nos conviene, ya que al morir este cuerpo que es materia orgánica e inorgánica se va el alma y el espíritu! ¿Cuál es el temor que tiene el ser humano hoy día?

Hay que buscar hoy: la enseñanza acerca de Dios, el aprendizaje acerca de Dios, el temor de Dios, el conocimiento de dios y hay que imitar la sabiduría de Dios, y solo así podremos tener Paz, esa paz que solo Dios nos la puede dar, y así seremos más sanos, las enfermedades se irán de nosotros, y viviremos más anos aquí en la tierra.

Resumiendo, el capítulo dos.

El principio de la sabiduría es el temor de Jehová, Los insensatos desprecian la sabiduría y la enseñanza. (proverbios. 1:7). **1: 7 el temor de Jehová.** Aquí se introduce el tema dominante de este libro, y en particular de los primeros nueve capítulos, la reverencia para con Dios (vea versículo 29; 2:5; 3:7; 8: 13; 9:10; 14: 26, 27; cp. también Job. 28: 28; Salmo. 34: 11; Hechos. 9: 31). Vea la introducción: Temas históricos y teológicos. Este sentimiento reverente de maravilla y admiración y de temor sumiso es fundamental para todo conocimiento y sabiduría espiritual (cp. 2:4-6; 9:10; 15: 33; Job. 28: 28; Salmo 111:10; Eclesiastés 12: 13). En tanto que el incrédulo puede hacer declaraciones acerca de la vida y de la verdad, no posee la verdad ni el conocimiento esencial hasta que tenga una relación redentora de maravilla reverencial para con Dios. En el libro de Job, capitulo 28 y versículo 28 dice así: Y dijo el hombre: He aquí que el temor del Señor es la sabiduría., Y el apartarse del mal, la inteligencia. **28:28 He aquí que el temor del Señor es la sabiduría.** Job había encontrado la vinculación que los otros no hacían. Mientras que es posible que no nos sean revelados rasgos específicos de la sabiduría de Dios, el alfa y la omega de la sabiduría es reverenciar a Dios y evitar el pecado (cp. Salmo. 111: 10; Proverbios. 1:7; 9:10; Eclesiastés. 12: 13,14), dejando a Él las preguntas pendientes de respuesta en confiado sometimiento. Todo lo que podemos haces es confiar y obedecer (cp. Eclesiastés. 12: 13), y esta es suficiente sabiduría (la sabiduría de Proverbios 1:7- 2:9). Puede que uno nunca llegue a conocer las razones de los sufrimientos en la vida. ¡Si nos conviene, ya que al morir este cuerpo que es materia orgánica e inorgánica se va el alma y el espíritu! ¿Cuál es el temor que tiene el ser humano hoy día?
Hay que buscar hoy: la enseñanza acerca de Dios, el aprendizaje acerca de Dios, el temor de Dios, el conocimiento de dios y hay que imitar la sabiduría de Dios, y solo así podremos tener Paz. esa paz que solo Dios nos la puede dar, y así seremos más sanos.

"La Palabra de Dios es el pensamiento de Dios. Cuando comienza a usar el pensamiento de Dios contra los pensamientos de duda. usted empieza a vencer."

Capítulo tres.

Proverbios.

Capítulo 1, versículo 8. Oye, hijo mío, la instrucción de tu padre, y no desprecies la dirección de tu madre.

Resumen.

Proverbios. Capítulo 1, versículo 8. Oye, hijo mío, la instrucción de tu padre, y no desprecies la dirección de tu madre. 1:8- 9: 18. Esta larga sección presenta la alabanza paterna de la sabiduría en forma de discursos didácticos. Estos capítulos preparan al lector para los proverbios propiamente dichos que comienzan en 10:1. El hijo sabio alegra al padre, pero el hijo necio es tristeza de su madre. **10:1 tristeza de su madre.** Vea la nota sobre 23: 15, 16. Este dolor paterno es más profundamente sentido por la madre, que tiene un papel más intimo en la crianza de un hijo. En Proverbios capítulo 23 y versículos 15 y 16 dice así: Hijo mío, si tu corazón fuere sabio, También a mí se me alegrara el corazón. Mis entrañas también se alegrarán cuando tus labios hablaren cosas rectas.

Palabras clave.

Hijo mío, instrucción, padre, dirección, madre, corazón, sabio, entrañas, labios, rectas.

Introducción.

Proverbios. Capítulo 1, versículo 8. Oye, hijo mío, la instrucción de tu padre, y no desprecies la dirección de tu madre. 1:8- 9: 18. Esta larga sección presenta la alabanza paterna de la sabiduría en forma de discursos didácticos. Estos capítulos preparan al lector para los proverbios propiamente dichos que comienzan en 10:1. El hijo sabio alegra al padre, pero el hijo necio es tristeza de su madre. **10:1 tristeza de su madre.** Vea la nota sobre 23: 15, 16. Este dolor paterno es más profundamente sentido por la madre, que tiene un papel más íntimo en la crianza de un hijo. En Proverbios capítulo 23 y versículos 15 y 16 dice así: Hijo mío, si tu corazón fuere sabio, También a mí se me alegrara el corazón. Mis entrañas también se alegrarán cuando tus labios hablaren cosas rectas. Hijo mío, instrucción, padre, dirección, madre, corazón, sabio, entrañas, labios, rectas. **23: 15, 16 Hijo......sabio.** El resultado de la corrección (vv. 13, 14) es las sabias decisiones del hijo, lo que da gozo a los padres (cp. vv 24, 25; 10: 1; 15: 20; 17: 21; 28: 7; 29: 3). **23:16 entrañas.** Lit. "los riñones", que, junto con el corazón (cp. 3:5; 4:21-23), son expresiones figuradas para el hombre interior o para el centro de los pensamientos y sentimientos de uno. Pues bien, es muy importante que en la familia, existe una armonía familiar, y que todos y cada uno los integrantes de la familia, participen en si momento espacio y lugar, con mucho respeto los hijos e hijas respecto a sus padres, porque tanto la madre como el padre se debe respeto, por el solo hecho de ser padres, los hijos e hijas, vienen de cuatro generaciones del padre y cuatro generaciones de su madre, por ello la madre es muy sabia y muy sensible respecto a la percepción ,sentimiento, e inteligencia de ella, y el padre es el sostén de la familia. (el que provee el sustento para la familia, ya sea monetario, respecto, y vigilancia día y noche a su familia. Y si la familia cree en un Creador llamado Dios el Eterno, pues habrá más intimidad, respeto, amor, y cariño en cada uno de ellos y a la vez en familia integrada. Es muy importante tener fe, amor, respeto, y que la familia tenga en su mente y percepción, que cada uno de ellos y ellas, vienen de una Imagen y semejanza del Dios el Altísimo.

Metodología sistemática.

Proverbios. Capítulo 1, versículo 8. Oye, hijo mío, la instrucción de tu padre, y no desprecies la dirección de tu madre. 1:8- 9: 18. Esta larga sección presenta la alabanza paterna de la sabiduría en forma de discursos didácticos. Estos capítulos preparan al lector para los proverbios propiamente dichos que comienzan en 10:1. El hijo sabio alegra al padre, pero el hijo necio es tristeza de su madre. **10:1 tristeza de su madre.** Vea la nota sobre 23: 15, 16. Este dolor paterno es más profundamente sentido por la madre, que tiene un papel más íntimo en la crianza de un hijo. En Proverbios capítulo 23 y versículos 15 y 16 dice así: Hijo mío, si tu corazón fuere sabio, También a mí se me alegrara el corazón. Mis entrañas también se alegrarán cuando tus labios hablaren cosas rectas. Hijo mío, instrucción, padre, dirección, madre, corazón, sabio, entrañas, labios, rectas. **23: 15, 16 Hijo......sabio.** El resultado de la corrección (vv. 13, 14) es las sabias decisiones del hijo, lo que da gozo a los padres (cp. vv 24, 25; 10: 1; 15: 20; 17: 21; 28: 7; 29: 3). **23:16 entrañas.** Lit. "los riñones", que, junto con el corazón (cp. 3:5; 4:21-23), son expresiones figuradas para el hombre interior o para el centro de los pensamientos y sentimientos de uno. Pues bien, es muy importante que en la familia, existe una armonía familiar, y que todos y cada uno los integrantes de la familia, participen en si momento espacio y lugar, con mucho respeto los hijos e hijas respecto a sus padres, porque tanto la madre como el padre se debe respeto, por el solo hecho de ser padres, los hijos e hijas, vienen de cuatro generaciones del padre y cuatro generaciones de su madre, por ello la madre es muy sabia y muy sensible respecto a la percepción ,sentimiento, e inteligencia de ella, y el padre es el sostén de la familia. (el que provee el sustento para la familia, ya sea monetario, respecto, y vigilancia día y noche a su familia. Y si la familia cree en un Creador llamado Dios el Eterno, pues habrá más intimidad, respeto, amor, y cariño en cada uno de ellos y a la vez en familia integrada. Es muy importante tener fe, amor, respeto, y que la familia tenga en su mente y percepción, que cada uno de ellos y ellas, vienen de una Imagen y semejanza del Dios el Altísimo.

Discusión.

Proverbios. Capítulo 1, versículo 8. Oye, hijo mío, la instrucción de tu padre, y no desprecies la dirección de tu madre. 1:8- 9: 18. Esta larga sección presenta la alabanza paterna de la sabiduría en forma de discursos didácticos. Estos capítulos preparan al lector para los proverbios propiamente dichos que comienzan en 10:1. El hijo sabio alegra al padre, pero el hijo necio es tristeza de su madre. **10:1 tristeza de su madre.** Vea la nota sobre 23: 15, 16. Este dolor paterno es más profundamente sentido por la madre, que tiene un papel más íntimo en la crianza de un hijo. En Proverbios capítulo 23 y versículos 15 y 16 dice así: Hijo mío, si tu corazón fuere sabio, También a mí se me alegrara el corazón. Mis entrañas también se alegrarán cuando tus labios hablaren cosas rectas. Hijo mío, instrucción, padre, dirección, madre, corazón, sabio, entrañas, labios, rectas. **23: 15, 16 Hijo......sabio.** El resultado de la corrección (vv. 13, 14) es las sabias decisiones del hijo, lo que da gozo a los padres (cp. vv 24, 25; 10: 1; 15: 20; 17: 21; 28: 7; 29: 3). **23:16 entrañas.** Lit. "los riñones", que, junto con el corazón (cp. 3:5; 4:21-23), son expresiones figuradas para el hombre interior o para el centro de los pensamientos y sentimientos de uno. Pues bien, es muy importante que en la familia, existe una armonía familiar, y que todos y cada uno los integrantes de la familia, participen en si momento espacio y lugar, con mucho respeto los hijos e hijas respecto a sus padres, porque tanto la madre como el padre se debe respeto, por el solo hecho de ser padres, los hijos e hijas, vienen de cuatro generaciones del padre y cuatro generaciones de su madre, por ello la madre es muy sabia y muy sensible respecto a la percepción ,sentimiento, e inteligencia de ella, y el padre es el sostén de la familia. (el que provee el sustento para la familia, ya sea monetario, respecto, y vigilancia día y noche a su familia. Y si la familia cree en un Creador llamado Dios el Eterno, pues habrá más intimidad, respeto, amor, y cariño en cada uno de ellos y a la vez en familia integrada. Es muy importante tener fe, amor, respeto, y que la familia tenga en su mente y percepción, que cada uno de ellos y ellas, vienen de una Imagen y semejanza del Dios el Altísimo.

Imagen.

Cuadro mental.

Proverbios. Capítulo 1, versículo 8. Oye, hijo mío, la instrucción de tu padre, y no desprecies la dirección de tu madre. 1:8- 9: 18. Esta larga sección presenta la alabanza paterna de la sabiduría en forma de discursos didácticos. Estos capítulos preparan al lector para los proverbios propiamente dichos que comienzan en 10:1. El hijo sabio alegra al padre, pero el hijo necio es tristeza de su madre. **10:1 tristeza de su madre.** Vea la nota sobre 23: 15, 16. Este dolor paterno es más profundamente sentido por la madre, que tiene un papel más intimo en la crianza de un hijo. En Proverbios capítulo 23 y versículos 15 y 16 dice así: Hijo mío, si tu corazón fuere sabio, También a mí se me alegrara el corazón. Mis entrañas también se alegrarán cuando tus labios hablaren cosas rectas. Pues bien, es muy importante que en la familia, existe una armonía familiar, y que todos y cada uno los integrantes de la familia, participen en si momento espacio y lugar, con mucho respeto los hijos e hijas respecto a sus padres, porque tanto la madre como el padre se debe respeto, por el solo hecho de ser padres, los hijos e hijas, vienen de cuatro generaciones del padre y cuatro generaciones de su madre, por ello la madre es muy sabia y muy sensible respecto a la percepción ,sentimiento, e inteligencia de ella, y el padre es el sostén de la familia. (el que provee el sustento para la familia, ya sea monetario, respecto, y vigilancia día y noche a su familia. Y si la familia cree en un Creador llamado Dios el Eterno, pues habrá más intimidad, respeto, amor, y cariño en cada uno de ellos y a la vez en familia integrada. Es muy importante tener fe, amor, respeto, y que la familia tenga en su mente y percepción, que cada uno de ellos y ellas, vienen de una Imagen y semejanza del Dios el Altísimo. Es muy importante tener fe, amor, respeto, y que la familia tenga en su mente y percepción, que cada uno de ellos y ellas, vienen de una Imagen y semejanza del Dios el Altísimo.

Recapitulación.

Proverbios. Capítulo 1, versículo 8. Oye, hijo mío, la instrucción de tu padre, y no desprecies la dirección de tu madre. 1:8- 9: 18. Esta larga sección presenta la alabanza paterna de la sabiduría en forma de discursos didácticos. Estos capítulos preparan al lector para los proverbios propiamente dichos que comienzan en 10:1. El hijo sabio alegra al padre, pero el hijo necio es tristeza de su madre. **10:1 tristeza de su madre.** Vea la nota sobre 23: 15, 16. Este dolor paterno es más profundamente sentido por la madre, que tiene un papel más íntimo en la crianza de un hijo. En Proverbios capítulo 23 y versículos 15 y 16 dice así: Hijo mío, si tu corazón fuere sabio, También a mí se me alegrara el corazón. Mis entrañas también se alegrarán cuando tus labios hablaren cosas rectas. Hijo mío, instrucción, padre, dirección, madre, corazón, sabio, entrañas, labios, rectas. **23: 15, 16 Hijo......sabio.** El resultado de la corrección (vv. 13, 14) es las sabias decisiones del hijo, lo que da gozo a los padres (cp. vv 24, 25; 10: 1; 15: 20; 17: 21; 28: 7; 29: 3). **23:16 entrañas.** Lit. "los riñones", que, junto con el corazón (cp. 3:5; 4:21-23), son expresiones figuradas para el hombre interior o para el centro de los pensamientos y sentimientos de uno. Pues bien, es muy importante que en la familia, existe una armonía familiar, y que todos y cada uno los integrantes de la familia, participen en si momento espacio y lugar, con mucho respeto los hijos e hijas respecto a sus padres, porque tanto la madre como el padre se debe respeto, por el solo hecho de ser padres, los hijos e hijas, vienen de cuatro generaciones del padre y cuatro generaciones de su madre, por ello la madre es muy sabia y muy sensible respecto a la percepción ,sentimiento, e inteligencia de ella, y el padre es el sostén de la familia. (el que provee el sustento para la familia, ya sea monetario, respecto, y vigilancia día y noche a su familia. Y si la familia cree en un Creador llamado Dios el Eterno, pues habrá más intimidad, respeto, amor, y cariño en cada uno de ellos y a la vez en familia integrada. Es muy importante tener fe, amor, respeto, y que la familia tenga en su mente y percepción, que cada uno de ellos y ellas, vienen de una Imagen y semejanza del Dios el Altísimo.

Cuando estamos
movidos por el amor
a Dios entonces
damos amor

Resumiendo, el capítulo tres. Proverbios. Capítulo 1, versículo 8. Oye, hijo mío, la instrucción de tu padre, y no desprecies la dirección de tu madre. 1:8- 9: 18. Esta larga sección presenta la alabanza paterna de la sabiduría en forma de discursos didácticos. Estos capítulos preparan al lector para los proverbios propiamente dichos que comienzan en 10:1. El hijo sabio alegra al padre, pero el hijo necio es tristeza de su madre. **10:1 tristeza de su madre.** Vea la nota sobre 23: 15, 16. Este dolor paterno es más profundamente sentido por la madre, que tiene un papel más íntimo en la crianza de un hijo. En Proverbios capítulo 23 y versículos 15 y 16 dice así: Hijo mío, si tu corazón fuere sabio, También a mí se me alegrara el corazón. Mis entrañas también se alegrarán cuando tus labios hablaren cosas rectas. Hijo mío, instrucción, padre, dirección, madre, corazón, sabio, entrañas, labios, rectas. **23: 15, 16 Hijo......sabio.** El resultado de la corrección (vv. 13, 14) es las sabias decisiones del hijo, lo que da gozo a los padres (cp. vv 24, 25; 10: 1; 15: 20; 17: 21; 28: 7; 29: 3). **23:16 entrañas.** Lit. "los riñones", que, junto con el corazón (cp. 3:5; 4:21-23), son expresiones figuradas para el hombre interior o para el centro de los pensamientos y sentimientos de uno. Pues bien, es muy importante que en la familia, existe una armonía familiar, y que todos y cada uno los integrantes de la familia, participen en si momento espacio y lugar, con mucho respeto los hijos e hijas respecto a sus padres, porque tanto la madre como el padre se debe respeto, por el solo hecho de ser padres, los hijos e hijas, vienen de cuatro generaciones del padre y cuatro generaciones de su madre, por ello la madre es muy sabia y muy sensible respecto a la percepción ,sentimiento, e inteligencia de ella, y el padre es el sostén de la familia. (el que provee el sustento para la familia, ya sea monetario, respecto, y vigilancia día y noche a su familia. Y si la familia cree en un Creador llamado Dios el Eterno, pues habrá más intimidad, respeto, amor, y cariño en cada uno de ellos y a la vez en familia integrada. Es muy importante tener fe, amor, respeto, y que la familia tenga en su mente y percepción, que cada uno de ellos y ellas, vienen de una Imagen y semejanza del Dios el Altísimo.

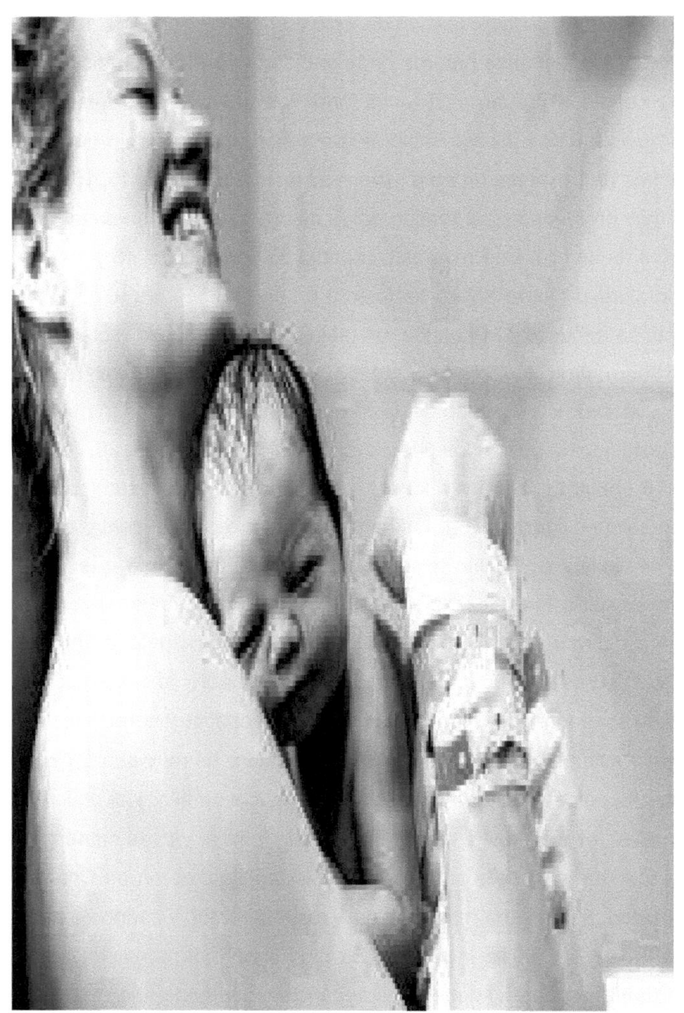

Capitulo cuatro.

Salmo. Capítulo 53, versículo 1. Dice el necio en su corazón; No hay Dios. Se han corrompido, e hicieron abominable maldad; No hay quien haga bien.

Resumen. Salmo. Capítulo 53, versículo 1. Dice el necio en su corazón; No hay Dios. Se han corrompido, e hicieron abominable maldad; No hay quien haga bien. 53: 1-6. Este salmo es casi idéntico al Salmo. 14 (Salmo. 53: 1' 5ª procede del Salmo. 14: 1-5ª; Salmo. 53:6 procede del salmo. 4:7). La principal diferencia es el versículo 5, donde el salmista celebra una victoria militar sobre un enemigo. Al parecer, aquí se vuelve a escribir el Salmo 14 para adaptarlo a un acontecimiento bélico especifico, lo que da un lugar distintivo en el canon.

I. descripción de los que rechazan a Dios y a su pueblo (53:1-5).
II. El peligro para los que rechazan a Dios y su pueblo (53:5).
III. La liberación de su pueblo (53:6).

Palabras clave.

Necedad, corazón, Dios, corrompido, maldad, rechazar, pueblo, peligro, liberación.

Introducción. Salmo. Capítulo 53, versículo 1. Dice el necio en su corazón; No hay Dios. Se han corrompido, e hicieron abominable maldad; No hay quien haga bien. 53: 1-6. Este salmo es casi idéntico al Salmo. 14 (Salmo. 53: 1' 5ª procede del Salmo. 14: 1-5ª; Salmo. 53:6 procede del salmo. 4:7). La principal diferencia es el versículo 5, donde el salmista celebra una victoria militar sobre un enemigo. Al parecer, aquí se vuelve a escribir el Salmo 14 para adaptarlo a un acontecimiento bélico especifico, lo que da un lugar distintivo en el canon.

I. descripción de los que rechazan a Dios y a su pueblo (53:1-5).

II. El peligro para los que rechazan a Dios y su pueblo (53:5).

III. La liberación de su pueblo (53:6**).** Necedad, corazón, Dios, corrompido, maldad, rechazar, pueblo, peligro, liberación.

Cada ser humano tenemos una Masa Encefálica y en ella habitan tres cerebros, que son llamados, cerebro humano que es ahí donde habitan : el bien y el amor, la sabiduría, la inteligencia, consejería, y el poder, el conocimiento y reverencia al Creador, y es aquí donde está el espíritu - conciencia, y el ser humano reconoce a Dios el Eterno y se quebranta su corazón-mente y es humilde su espíritu ,conciencia , entonces Dios habitara en esa persona, y es cuando el cerebro humano puede dirigir, controlar al cerebro mamífero- hormonal sexual, porque ahí habita (la semilla de la iniquidad- la mal) pero se necesita tener convicción, y que el Eterno habita en la persona, para poder ser santo y sin mancha y poder decir a la maldad un No, y todo aquello que haga daño a la santidad , la persona con la ayuda del Espíritu santo puede seguir un camino recto y agradable a Dios. Por desgracia la mayor parte de la población d de los cuatro vientos, no queremos ser humildes, y sabeos que reina la soberbia, la maldad por doquier, la arrogancia, el egocentrismo, la vanidad, y todo aquello que hace tanto daño al alma. espíritu, órganos y sistemas de cada ser humano, tanto la materia orgánica e inorgánica cómo lo espiritual.

Metodología sistemática. Capítulo 53, versículo 1. Dice el necio en su corazón; No hay Dios. Se han corrompido, e hicieron abominable maldad; No hay quien haga bien. 53: 1-6. Este salmo es casi idéntico al Salmo. 14 (Salmo. 53: 1' 5ª procede del Salmo. 14: 1-5ª; Salmo. 53:6 procede del salmo. 4:7). La principal diferencia es el versículo 5, donde el salmista celebra una victoria militar sobre un enemigo. Al parecer, aquí se vuelve a escribir el Salmo 14 para adaptarlo a un acontecimiento bélico especifico, lo que da un lugar distintivo en el canon.

I Descripción de los que rechazan a Dios y a su pueblo (53:1-5).

II. El peligro para los que rechazan a Dios y su pueblo (53:5).

III. La liberación de su pueblo (53:6). Necedad, corazón, Dios, corrompido, maldad, rechazar, pueblo, peligro, liberación.

Cada ser humano tenemos una Masa Encefálica y en ella habitan tres cerebros, que son llamados, cerebro humano que es ahí donde habitan : el bien y el amor, la sabiduría, la inteligencia, consejería, y el poder, el conocimiento y reverencia al Creador, y es aquí donde está el espíritu - conciencia, y el ser humano reconoce a Dios el Eterno y se quebranta su corazón-mente y es humilde su espíritu ,conciencia , entonces Dios habitara en esa persona, y es cuando el cerebro humano puede dirigir, controlar al cerebro mamífero- hormonal sexual, porque ahí habita (la semilla de la iniquidad- la mal) pero se necesita tener convicción, y que el Eterno habita en la persona, para poder ser santo y sin mancha y poder decir a la maldad un No, y todo aquello que haga daño a la santidad , la persona con la ayuda del Espíritu santo puede seguir un camino recto y agradable a Dios. Por desgracia la mayor parte de la población d de los cuatro vientos, no queremos ser humildes, y sabeos que reina la soberbia, la maldad por doquier, la arrogancia, el egocentrismo, la vanidad, y todo aquello que hace tanto daño al alma. espíritu, órganos y sistemas de cada ser humano, tanto la materia orgánica e inorgánica cómo lo espiritual.

Imagen.

Tus manos me hicieron y me formaron;
hazme entender,
y aprenderé tus mandamientos.

Discusión. Salmo. Capítulo 53, versículo 1. Dice el necio en su corazón; No hay Dios. Se han corrompido, e hicieron abominable maldad; No hay quien haga bien. 53: 1-6. Este salmo es casi idéntico al Salmo. 14 (Salmo. 53: 1' 5ª procede del Salmo. 14: 1-5ª; Salmo. 53:6 procede del salmo. 4:7). La principal diferencia es el versículo 5, donde el salmista celebra una victoria militar sobre un enemigo. Al parecer, aquí se vuelve a escribir el Salmo 14 para adaptarlo a un acontecimiento bélico especifico, lo que da un lugar distintivo en el canon.

I descripción de los que rechazan a Dios y a su pueblo (53:1-5). II

II El peligro para los que rechazan a Dios y su pueblo (53:5).

III La liberación de su pueblo (53:6).

Palabras clave.

Necedad, corazón, Dios, corrompido, maldad, rechazar, pueblo, peligro, liberación.

Es de suma importancia estas palabras clave para poder tener enlaces, des enlaces y posteriormente reenlaces con las palabras clave, y así a través de la metodología sistemita podremos elaborar cuadros mentales, mapas cognitivos para que poder continuar con esta hermosa tarea, de servid a los demás en momento, tiempo y espacio.

Pues bien, como dice el título de este hermoso libro:

Salmo. Capítulo 53, versículo 1. Dice el necio en su corazón; No hay Dios. Se han corrompido, e hicieron abominable maldad; No hay quien haga bien.

Hay que tener mucho cuidado, y no caer en necedades, y mucho menos en egocéntricos, porque después vendrá la justicia divina, tarde o temprano llegará, con las personas necias. Corrompidas, que buscan la maldad, y se les ha olvidado hacer el bien, porque su cerebro medio, hormonal, sexual, esta dominando.

Cuadro mental.

Salmo. Capítulo 53, versículo 1. Dice el necio en su corazón; No hay Dios. Se han corrompido, e hicieron abominable maldad; No hay quien haga bien. 53: 1-6. Este salmo es casi idéntico al Salmo. 14 (Salmo. 53: 1' 5ª procede del Salmo. 14: 1-5ª; Salmo. 53:6 procede del salmo. 4:7). La principal diferencia es el versículo 5, donde el salmista celebra una victoria militar sobre un enemigo. Al parecer, aquí se vuelve a escribir el Salmo 14 para adaptarlo a un acontecimiento bélico especifico, lo que da un lugar distintivo en el canon.

I descripción de los que rechazan a Dios y a su pueblo (53:1-5). II

II El peligro para los que rechazan a Dios y su pueblo (53:5).

III La liberación de su pueblo (53:6).

Palabras clave.

Necedad, corazón, Dios, corrompido, maldad, rechazar, pueblo, peligro, liberación.

Es de suma importancia estas palabras clave para poder tener enlaces, des enlaces y posteriormente reenlaces con las palabras clave, y así a través de la metodología sistemita podremos elaborar cuadros mentales, mapas cognitivos para que poder continuar con esta hermosa tarea, de servid a los demás en momento, tiempo y espacio.

Pues bien, como dice el título de este hermoso libro:

Salmo. Capítulo 53, versículo 1. Dice el necio en su corazón; No hay Dios. Se han corrompido, e hicieron abominable maldad; No hay quien haga bien.

Hay que tener mucho cuidado, y no caer en necedades, y mucho menos en egocéntricos, porque después vendrá la justicia divina, tarde o temprano llegará, con las personas necias. Corrompidas, que buscan la maldad, y se les ha olvidado hacer el bien, porque su cerebro medio, hormonal, sexual, esta dominando.

Recapitulación. Capítulo 53, versículo 1. Dice el necio en su corazón; No hay Dios. Se han corrompido, e hicieron abominable maldad; No hay quien haga bien. 53: 1-6. Este salmo es casi idéntico al Salmo. 14 (Salmo. 53: 1' 5ª procede del Salmo. 14: 1-5ª; Salmo. 53:6 procede del salmo. 4:7). La principal diferencia es el versículo 5, donde el salmista celebra una victoria militar sobre un enemigo. Al parecer, aquí se vuelve a escribir el Salmo 14 para adaptarlo a un acontecimiento bélico especifico, lo que da un lugar distintivo en el canon.

I Descripción de los que rechazan a Dios y a su pueblo (53:1-5).

II El peligro para los que rechazan a Dios y su pueblo (53:5).

III La liberación de su pueblo (53:6). Necedad, corazón, Dios, corrompido, maldad, rechazar, pueblo, peligro, liberación.

Cada ser humano tenemos una Masa Encefálica y en ella habitan tres cerebros, que son llamados, cerebro humano que es ahí donde habitan : el bien y el amor, la sabiduría, la inteligencia, consejería, y el poder, el conocimiento y reverencia al Creador, y es aquí donde está el espíritu - conciencia, y el ser humano reconoce a Dios el Eterno y se quebranta su corazón-mente y es humilde su espíritu ,conciencia , entonces Dios habitara en esa persona, y es cuando el cerebro humano puede dirigir, controlar al cerebro mamífero- hormonal sexual, porque ahí habita (la semilla de la iniquidad- el mal) pero se necesita tener convicción, y que el Eterno habita en la persona, para poder ser santo y sin mancha y poder decir a la maldad un No, y todo aquello que haga daño a la santidad , la persona con la ayuda del Espíritu santo puede seguir un camino recto y agradable a Dios. Por desgracia la mayor parte de la población d de los cuatro vientos, no queremos ser humildes, y sabeos que reina la soberbia, la maldad por doquier, la arrogancia, el egocentrismo, la vanidad, y todo aquello que hace tanto daño al alma. espíritu, órganos y sistemas de cada ser humano, tanto la materia orgánica e inorgánica cómo lo espiritual.

Mira que te mando que
te esfuerzes y seas
valiente no temas ni
desmayes porque Dios
estara contigo en donde
quiera que tu vallas.

Resumiendo, el capítulo cuatro. Capítulo 53, versículo 1. Dice el necio en su corazón; No hay Dios. Se han corrompido, e hicieron abominable maldad; No hay quien haga bien. 53: 1-6. Este salmo es casi idéntico al Salmo. 14 (Salmo. 53: 1' 5ª procede del Salmo. 14: 1-5ª; Salmo. 53:6 procede del salmo. 4:7). La principal diferencia es el versículo 5, donde el salmista celebra una victoria militar sobre un enemigo. Al parecer, aquí se vuelve a escribir el Salmo 14 para adaptarlo a un acontecimiento bélico especifico, lo que da un lugar distintivo en el canon.

I Descripción de los que rechazan a Dios y a su pueblo (53:1-5).

II El peligro para los que rechazan a Dios y su pueblo (53:5).

III La liberación de su pueblo (53:6). Necedad, corazón, Dios, corrompido, maldad, rechazar, pueblo, peligro, liberación.

> Cada ser humano tenemos una Masa Encefálica y en ella habitan tres cerebros, que son llamados, cerebro humano que es ahí donde habitan : el bien y el amor, la sabiduría, la inteligencia, consejería, y el poder, el conocimiento y reverencia al Creador, y es aquí donde está el espíritu - conciencia, y el ser humano reconoce a Dios el Eterno y se quebranta su corazón-mente y es humilde su espíritu ,conciencia , entonces Dios habitara en esa persona, y es cuando el cerebro humano puede dirigir, controlar al cerebro mamífero- hormonal sexual, porque ahí habita (la semilla de la iniquidad- la mal) pero se necesita tener convicción, y que el Eterno habita en la persona, para poder ser santo y sin mancha y poder decir a la maldad un No, y todo aquello que haga daño a la santidad , la persona con la ayuda del Espíritu santo puede seguir un camino recto y agradable a Dios. Por desgracia la mayor parte de la población d de los cuatro vientos, no queremos ser humildes, y sabeos que reina la soberbia, la maldad por doquier, la arrogancia, el egocentrismo, la vanidad, y todo aquello que hace tanto daño al alma. espíritu, órganos y sistemas de cada ser humano, tanto la materia orgánica e inorgánica cómo lo espiritual.

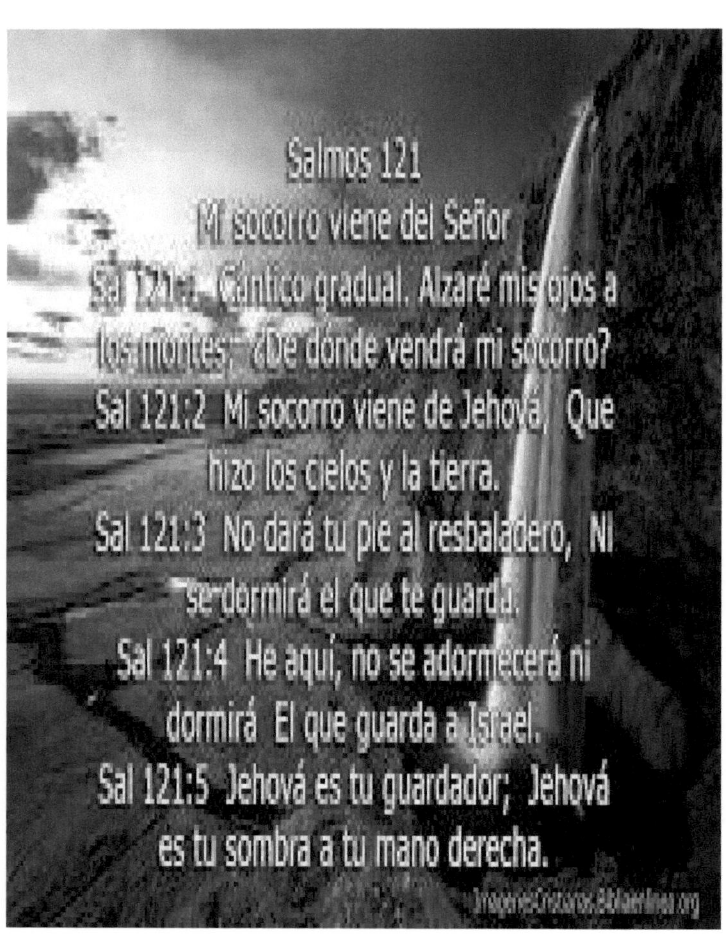
Salmos 121
Mi socorro viene del Señor
Sal 121:1 Cántico gradual. Alzaré mis ojos a
los montes; ¿De dónde vendrá mi socorro?
Sal 121:2 Mi socorro viene de Jehová, Que
hizo los cielos y la tierra.
Sal 121:3 No dará tu pie al resbaladero, Ni
se dormirá el que te guarda.
Sal 121:4 He aquí, no se adormecerá ni
dormirá El que guarda a Israel.
Sal 121:5 Jehová es tu guardador; Jehová
es tu sombra a tu mano derecha.

Capitulo cinco.

Eclesiastés. Capítulo 12, versículo 11.

Las palabras de los sabios son como aguijones; y como clavos hincados son las de los maestros de las congregaciones, dadas por un Pastor.

Resumen. Eclesiastés. Capítulo 12, versículo 11.

Las palabras de los sabios son como aguijones; y como clavos hincados son las de los maestros de las congregaciones, dadas por un Pastor. **12:11 aguijones...clavos hincados.** Aquí se contemplan dos útiles de pastor: uno se usa para motivar a animales desgranados, el otro para asegurar a los que sin ello podrían errar a un territorio peligroso. Tanto los aguijones como los clavos presentan aspectos de la sabiduría aplicada. **Un Pastor**. La verdadera sabiduría tiene su fuente solo en Dios. Sabemos que existen dos tipos de sabiduría, una la sabiduría humana, y la otra sabiduría es la sabiduría de Dios. La sabiduría humana es como los aguijones y clavos- son torcidos sus pensamientos, y engañan al ser humano, pero la verdadera sabiduría que viene de Dios es sobrenatural, y penetra hasta partir el alma y el espíritu, que corre hasta la medula ósea, para que de ahí se va al torrente sanguíneo y ella se encarga de llevarla a las neuronas, a las arterias, a las venas, a los nervios, tejidos, órganos, aparatos y sistemas en todo el ser humano, desde la cabeza hasta los pies. Y todo para el bien del ser humano de los cuatro vientos.

Palabras clave.

Clavos, aguijones, hombre, pastor, Dios, sabiduría, alma, espíritu. Cabeza y pies.

Introducción. Eclesiastés. Capítulo 12, versículo 11.

Las palabras de los sabios son como aguijones; y como clavos hincados son las de los maestros de las congregaciones, dadas por un Pastor. **12:11 aguijones...clavos hincados.** Aquí se contemplan dos útiles de pastor: uno se usa para motivar a animales desgranados, el otro para asegurar a los que sin ello podrían errar a un territorio peligroso. Tanto los aguijones como los clavos presentan aspectos de la sabiduría aplicada. **Un Pastor**. La verdadera sabiduría tiene su fuente solo en Dios. Sabemos que existen dos tipos de sabiduría, una la sabiduría humana, y la otra sabiduría es la sabiduría de Dios. La sabiduría humana es como los aguijones y clavos- son torcidos sus pensamientos, y engañan al ser humano, pero la verdadera sabiduría que viene de Dios es sobrenatural, y penetra hasta partir el alma y el espíritu, que corre hasta la medula ósea, para que de ahí se va al torrente sanguíneo y ella se encarga de llevarla a las neuronas, a las arterias, a las venas, a los nervios, tejidos, órganos, aparatos y sistemas en todo el ser humano, desde la cabeza hasta los pies. Y todo para el bien del ser humano de los cuatro vientos. **Clavos, aguijones, hombre, pastor, Dios, sabiduría, alma, espíritu. Cabeza y pies.**

La mayoría de los nosotros buscamos la sabiduría humana, es como los clavos y aguijones, y nosotros los seres humanos nos vamos a esa sabiduría humana errónea, que nos lleva a una destrucción física y mental, pero existe una sabiduría pura, sin engaños, y esa sabiduría la encontramos en: Las Sagradas Escrituras inspirada por Dios, el Espíritu Santo y Jesús. Ya depende de cada persona, porque debo decir, que cada ser humano nacemos con tres cerebros, con todas las herramientas, y ya depende de cada uno, yo decido hacia donde me voy, si me voy a la sabiduría humana, o la sabiduría espiritual (Dios). Solo existe un remante en los cuatro vientos, que buscamos la sabiduría espiritual, leyendo: Las Sagradas Escrituras, y poco a poco Dios, Espíritu Santo y Jesús, nos revela sus misterios, estatutos, y sobre todo nos da una "paz sobrenatural" solo lo hace Dios, ningún médico, ningún científico puede dar esa paz sobrenatural, solo mi Dios, yo por fortuna he tenido experiencia de esa paz espiritual de Dios.

Metodología sistemática. Eclesiastés. Capítulo 12, versículo 11.

Las palabras de los sabios son como aguijones; y como clavos hincados son las de los maestros de las congregaciones, dadas por un Pastor. **12:11 aguijones...clavos hincados.** Aquí se contemplan dos útiles de pastor: uno se usa para motivar a animales desgranados, el otro para asegurar a los que sin ello podrían errar a un territorio peligroso. Tanto los aguijones como los clavos presentan aspectos de la sabiduría aplicada. **Un Pastor**. La verdadera sabiduría tiene su fuente solo en Dios. Sabemos que existen dos tipos de sabiduría, una la sabiduría humana, y la otra sabiduría es la sabiduría de Dios. La sabiduría humana es como los aguijones y clavos- son torcidos sus pensamientos, y engañan al ser humano, pero la verdadera sabiduría que viene de Dios es sobrenatural, y penetra hasta partir el alma y el espíritu, que corre hasta la medula ósea, para que de ahí se va al torrente sanguíneo y ella se encarga de llevarla a las neuronas, a las arterias, a las venas, a los nervios, tejidos, órganos, aparatos y sistemas en todo el ser humano, desde la cabeza hasta los pies. Y todo para el bien del ser humano de los cuatro vientos. **Clavos, aguijones, hombre, pastor, Dios, sabiduría, alma, espíritu. Cabeza y pies.**

La mayoría de los nosotros buscamos la sabiduría humana, es como los clavos y aguijones, y nosotros los seres humanos nos vamos a esa sabiduría humana errónea, que nos lleva a una destrucción física y mental, pero existe una sabiduría pura, sin engaños, y esa sabiduría la encontramos en: Las Sagradas Escrituras inspirada por Dios, el Espíritu Santo y Jesús. Ya depende de cada persona, porque debo decir, que cada ser humano nacemos con tres cerebros, con todas las herramientas, y ya depende de cada uno, yo decido hacia donde me voy, si me voy a la sabiduría humana, o la sabiduría espiritual (Dios). Solo existe un remante en los cuatro vientos, que buscamos la sabiduría espiritual, leyendo: Las Sagradas Escrituras, y poco a poco Dios, Espíritu Santo y Jesús, nos revela sus misterios, estatutos, y sobre todo nos da una “paz sobrenatural” solo lo hace Dios, ningún médico, ningún científico puede dar esa paz sobrenatural, solo mi Dios, yo por fortuna he tenido experiencia de esa paz espiritual de Dios.

Discusión. Las palabras de los sabios son como aguijones; y como clavos hincados son las de los maestros de las congregaciones, dadas por un Pastor. **12:11 aguijones...clavos hincados.** Aquí se contemplan dos útiles de pastor: uno se usa para motivar a animales desgranados, el otro para asegurar a los que sin ello podrían errar a un territorio peligroso. Tanto los aguijones como los clavos presentan aspectos de la sabiduría aplicada. **Un Pastor**. La verdadera sabiduría tiene su fuente solo en Dios. Sabemos que existen dos tipos de sabiduría, una la sabiduría humana, y la otra sabiduría es la sabiduría de Dios. La sabiduría humana es como los aguijones y clavos- son torcidos sus pensamientos, y engañan al ser humano, pero la verdadera sabiduría que viene de Dios es sobrenatural, y penetra hasta partir el alma y el espíritu, que corre hasta la medula ósea, para que de ahí se va al torrente sanguíneo y ella se encarga de llevarla a las neuronas, a las arterias, a las venas, a los nervios, tejidos, órganos, aparatos y sistemas en todo el ser humano, desde la cabeza hasta los pies. Y todo para el bien del ser humano de los cuatro vientos. Hoy día hay por doquier personas sabias que sus palabras son como aguijones, y como clavos hincados son las de los maestros de las congregaciones, dada por un Pastor, y aquí podemos decir, que existen maestros, catedráticos, docentes en los cuatro vientos que sus palabras son como los aguijones y similar a los clavos que retumba en nuestros oídos, porque son soberbios, vanidosos, egoístas, egocéntricos, y es muy triste, pero cierto, cuando una persona es humilde y reconoce que estamos de pasada en esta tierra, y reconoce al Creador, entonces Dios mismo habita en el o en ella, ya sea maestro, maestra, sacerdote de la casa, cualquier persona, el Creador le da sabias palabras de humildad, y los resultados son viables, peros los sabios egoístas y soberbios los resultados son inviables.

Conclusión: Hay que reconocer que el ser humano, nosotros que estaos de pasada en este mundo, que nuestro Creador el Dios Eterno, es Omnipotente, es Omnisciente, que el Omnipresente, e Inmutable, indecible, e Infalible , él nos quiere ayudar, es más, él quiere habitar en nuestro interior, el gran problema somos nosotros, que no queremos, siempre estamos buscando el mal, para nuestra perdición.

Imagen.

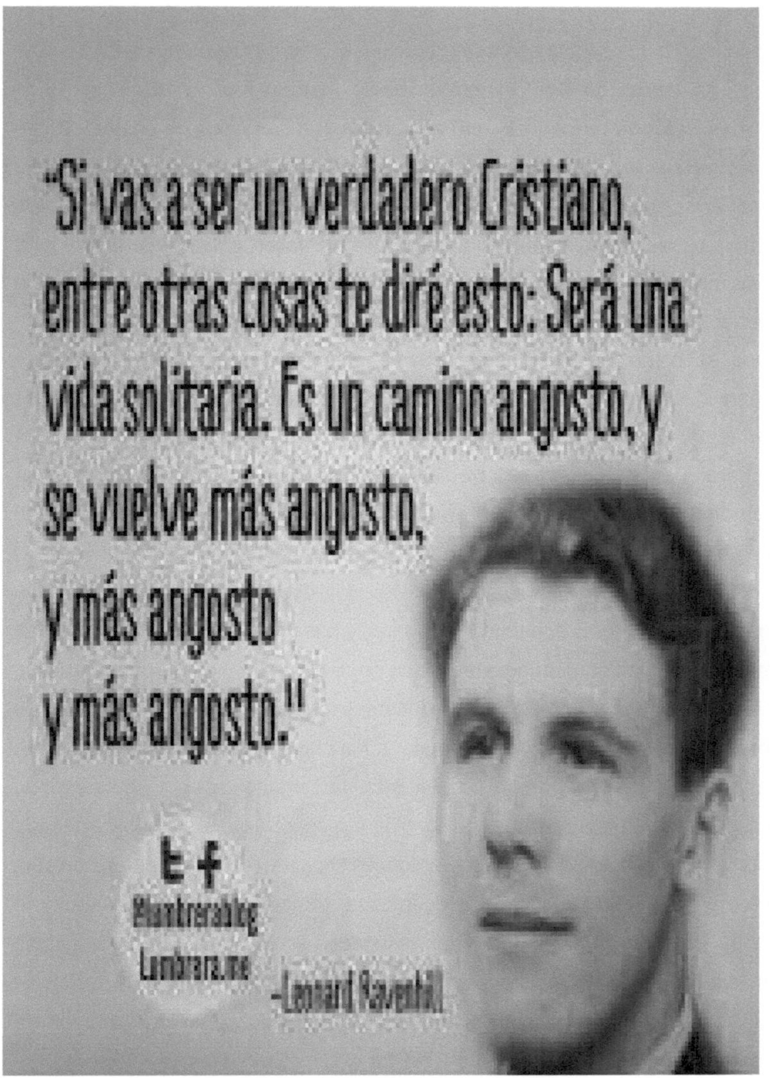
"Si vas a ser un verdadero Cristiano,
entre otras cosas te diré esto: Será una
vida solitaria. Es un camino angosto, y
se vuelve más angosto,
y más angosto
y más angosto."
-Leonard Ravenhill

Cuadro mental.

Las palabras de los sabios son como aguijones; y como clavos hincados son las de los maestros de las congregaciones, dadas por un Pastor. **12:11 aguijones...clavos hincados.** Aquí se contemplan dos útiles de pastor: uno se usa para motivar a animales desgranados, el otro para asegurar a los que sin ello podrían errar a un territorio peligroso. Tanto los aguijones como los clavos presentan aspectos de la sabiduría aplicada. **Un Pastor**. La verdadera sabiduría tiene su fuente solo en Dios. Sabemos que existen dos tipos de sabiduría, una la sabiduría humana, y la otra sabiduría es la sabiduría de Dios. La sabiduría humana es como los aguijones y clavos- son torcidos sus pensamientos, y engañan al ser humano, pero la verdadera sabiduría que viene de Dios es sobrenatural, y penetra hasta partir el alma y el espíritu, que corre hasta la medula ósea, para que de ahí se va al torrente sanguíneo y ella se encarga de llevarla a las neuronas, a las arterias, a las venas, a los nervios, tejidos, órganos, aparatos y sistemas en todo el ser humano, desde la cabeza hasta los pies. Y todo para el bien del ser humano de los cuatro vientos. Hoy día hay por doquier personas sabias que sus palabras son como aguijones, y como clavos hincados son las de los maestros de las congregaciones, dada por un Pastor, y aquí podemos decir, que existen maestros, catedráticos, docentes en los cuatro vientos que sus palabras son como los aguijones y similar a los clavos que retumba en nuestros oídos, porque son soberbios, vanidosos, egoístas, egocéntricos, y es muy triste, pero cierto, cuando una persona es humilde y reconoce que estamos de pasada en esta tierra, y reconoce al Creador, entonces Dios mismo habita en el o en ella, ya sea maestro, maestra, sacerdote de la casa, cualquier persona, el Creador le da sabias palabras de humildad, y los resultados son viables, peros los sabios egoístas y soberbios los resultados son inviables.

Conclusión: Hay que reconocer que el ser humano, nosotros que estamos de pasada en este mundo, que nuestro Creador el Dios Eterno, es Omnipotente.

Recapitulación. Las palabras de los sabios son como aguijones; y como clavos hincados son las de los maestros de las congregaciones, dadas por un Pastor. **12:11 aguijones...clavos hincados.** Aquí se contemplan dos útiles de pastor: uno se usa para motivar a animales desgranados, el otro para asegurar a los que sin ello podrían errar a un territorio peligroso. Tanto los aguijones como los clavos presentan aspectos de la sabiduría aplicada. **Un Pastor**. La verdadera sabiduría tiene su fuente solo en Dios. Sabemos que existen dos tipos de sabiduría, una la sabiduría humana, y la otra sabiduría es la sabiduría de Dios. La sabiduría humana es como los aguijones y clavos- son torcidos sus pensamientos, y engañan al ser humano, pero la verdadera sabiduría que viene de Dios es sobrenatural, y penetra hasta partir el alma y el espíritu, que corre hasta la medula ósea, para que de ahí se va al torrente sanguíneo y ella se encarga de llevarla a las neuronas, a las arterias, a las venas, a los nervios, tejidos, órganos, aparatos y sistemas en todo el ser humano, desde la cabeza hasta los pies. Y todo para el bien del ser humano de los cuatro vientos. Hoy día hay por doquier personas sabias que sus palabras son como aguijones, y como clavos hincados son las de los maestros de las congregaciones, dada por un Pastor, y aquí podemos decir, que existen maestros, catedráticos, docentes en los cuatro vientos que sus palabras son como los aguijones y similar a los clavos que retumba en nuestros oídos, porque son soberbios, vanidosos, egoístas, egocéntricos, y es muy triste, pero cierto, cuando una persona es humilde y reconoce que estamos de pasada en esta tierra, y reconoce al Creador, entonces Dios mismo habita en él o en ella, ya sea maestro, maestra, sacerdote de la casa, cualquier persona, el Creador le da sabias palabras de humildad, y los resultados son viables, peros los sabios egoístas y soberbios los resultados son inviables.

Conclusión: Hay que reconocer que el ser humano, nosotros que estaos de pasada en este mundo, que nuestro Creador el Dios Eterno, es Omnipotente, es Omnisciente, es Omnipresente, e Inmutable, indecible, e Infalible , él nos quiere ayudar, es más, él quiere habitar en nuestro interior, el gran problema somos nosotros, que no queremos, siempre estamos buscando el mal, para nuestra perdición.

Y EXTENDIÓ JEHOVÁ
SU MANO Y TOCÓ
MI BOCA, Y ME DIJO
JEHOVÁ: HE AQUÍ HE
PUESTO MIS PALABRAS
EN TU BOCA.
JEREMÍAS 1: 9
Bibliatodo
www.bibliatodo.com

Resumiendo, este hermoso capítulo. Las palabras de los sabios son como aguijones; y como clavos hincados son las de los maestros de las congregaciones, dadas por un Pastor. **12:11 aguijones...clavos hincados.** Aquí se contemplan dos útiles de pastor: uno se usa para motivar a animales desgranados, el otro para asegurar a los que sin ello podrían errar a un territorio peligroso. Tanto los aguijones como los clavos presentan aspectos de la sabiduría aplicada. **Un Pastor**. La verdadera sabiduría tiene su fuente solo en Dios. Sabemos que existen dos tipos de sabiduría, una la sabiduría humana, y la otra sabiduría es la sabiduría de Dios. La sabiduría humana es como los aguijones y clavos- son torcidos sus pensamientos, y engañan al ser humano, pero la verdadera sabiduría que viene de Dios es sobrenatural, y penetra hasta partir el alma y el espíritu, que corre hasta la medula ósea, para que de ahí se va al torrente sanguíneo y ella se encarga de llevarla a las neuronas, a las arterias, a las venas, a los nervios, tejidos, órganos, aparatos y sistemas en todo el ser humano, desde la cabeza hasta los pies. Y todo para el bien del ser humano de los cuatro vientos. Hoy día hay por doquier personas sabias que sus palabras son como aguijones, y como clavos hincados son las de los maestros de las congregaciones, dada por un Pastor, y aquí podemos decir, que existen maestros, catedráticos, docentes en los cuatro vientos que sus palabras son como los aguijones y similar a los clavos que retumba en nuestros oídos, porque son soberbios, vanidosos, egoístas, egocéntricos, y es muy triste, pero cierto, cuando una persona es humilde y reconoce que estamos de pasada en esta tierra, y reconoce al Creador, entonces Dios mismo habita en él o en ella, ya sea maestro, maestra, sacerdote de la casa, cualquier persona, el Creador le da sabias palabras de humildad, y los resultados son viables, peros los sabios egoístas y soberbios los resultados son inviables. Conclusión: Hay que reconocer que el ser humano, nosotros que estaos de pasada en este mundo, que nuestro Creador el Dios Eterno, es Omnipotente, es Omnisciente, que es Omnipresente, e Inmutable, indecible, e Infalible , él nos quiere ayudar, es más, él quiere habitar en nuestro interior, el gran problema somos nosotros, que no queremos, siempre estamos buscando el mal, para nuestra perdición.

LA TIERRA GIME COMO
CON DOLORES DE
PARTO

Capitulo seis.

Juan. Capítulo 1 y versículo 1. En el principio era el Verbo, y el Verbo era con Dios, y el Verbo era Dios.

Resumen. 1:1 En el principio. A diferencia de 1 Juan 1:1, donde Juan empleo una frase similar ("desde el principio") para referirse al punto de partida del ministerio de Jesús y su predicación del evangelio, esta frase establece un paralelo con Genesis 1:1 que utiliza la misma frase. Juan utilizo esas palabras en un sentido absoluto para hacer referencia al universo material de tiempo y espacio. **era.** El verbo resalta la existencia eterna del Verbo, i.e. Jesucristo. Antes que existiera el universo, la segunda persona de la Trinidad siempre existió o siempre fue (cp. Juan. 8:58). Esta palabra se utiliza en contraste con la expresión "fue hecho" (y "fueron hechas") en el versículo 3 que apunta hacia un comienzo definido en el tiempo.

Palabras clave. Principio, era, Verbo, el Verbo era con Dios, y el Verbo era Dios.

Juan 1.1; Juan 8.58; Juan. 6:22- 58; Éxodo 3:14; Deuteronomio 32: 39, e Isaías 41:4; 43:10.

Introducción. 1:1 En el principio. A diferencia de 1 Juan 1:1, donde Juan empleo una frase similar ("desde el principio") para referirse al punto de partida del ministerio de Jesús y su predicación del evangelio, esta frase establece un paralelo con Genesis 1:1 que utiliza la misma frase. Juan utilizo esas palabras en un sentido absoluto para hacer referencia al universo material de tiempo y espacio. **era.** El verbo resalta la existencia eterna del Verbo, i.e. Jesucristo. Antes que existiera el universo, la segunda persona de la Trinidad siempre existió o siempre fue (cp. Juan. 8:58). Esta palabra se utiliza en contraste con la expresión "fue hecho" (y "fueron hechas") en el versículo 3 que apunta hacia un comienzo definido en el tiempo. Debido que el tema de Juan es Jesucristo como Dios eterno y segunda persona de la Trinidad, el no incluyo una genealogía como lo hicieron Mateo y Lucas. Aunque en términos de su humanidad Jesús contaba con una genealogía humana, en términos de su deidad El no tuvo genealogía en absoluto, **el Verbo.** Juan presto el uso del término "verbo" no solo del vocabulario del AT, sino también de la filosofía griega, en la que este término era en esencia impersonal y aludía al principio de "razón divina", "mente" o incluso "sabiduría". Sin embargo, Juan imbuyo ese termino con significados propios del AT y de la teología cristina (p.ej. Genesis. 1:3 donde la Palabra de Dios trae a existencia el mundo, y Salmo 33: 6, 107: 20 y Proverbios. 8:27 donde la Palabra de Dios es su expresión poderosa de sí mismo en creación revelación y salvación). Juan aplico el termino como referencia exclusiva a la persona de Jesucristo. Por lo tanto, el uso de la palabra en la filosofía griega no es el único contexto del pensamiento de Juan. En sentido estratégico, la expresión del "Verbo" sirve como puente conceptual y lingüístico que no solo alcanza a los judíos, sino también a los griegos no salvos. Juan eligió este concepto porque tanto judíos como griegos estaban familiarizados con él. **el Verbo era con Dios.** El Verbo, como la segunda persona de la Trinidad, había estado en comunión intima con Dios el Padre durante toda la eternidad. Aunque el Verbo disfruto los esplendores del cielo y la eternidad con el Padre (Isaías. 6: 1- 13; cp. 12:41; 17:5).

Metodología sistemática.

1:1 En el principio. A diferencia de 1 Juan 1:1, donde Juan empleo una frase similar ("desde el principio") para referirse al punto de partida del ministerio de Jesús y su predicación del evangelio, esta frase establece un paralelo con Genesis 1:1 que utiliza la misma frase. Juan utilizo esas palabras en un sentido absoluto para hacer referencia al universo material de tiempo y espacio. **era.** El verbo resalta la existencia eterna del Verbo, i.e. Jesucristo. Antes que existiera el universo, la segunda persona de la Trinidad siempre existió o siempre fue (cp. Juan. 8:58). Esta palabra se utiliza en contraste con la expresión "fue hecho" (y "fueron hechas") en el versículo 3 que apunta hacia un comienzo definido en el tiempo. Debido que el tema de Juan es Jesucristo como Dios eterno y segunda persona de la Trinidad, el no incluyo una genealogía como lo hicieron Mateo y Lucas. Aunque en términos de su humanidad Jesús contaba con una genealogía humana, en términos de su deidad El no tuvo genealogía en absoluto, **el Verbo.** Juan presto el uso del término "verbo" no solo del vocabulario del AT, sino también de la filosofía griega, en la que este término era en esencia impersonal y aludía al principio de "razón divina", "mente" o incluso "sabiduría". Sin embargo, Juan imbuyo ese término con significados propios del AT y de la teología cristina (p.ej. Genesis. 1:3 donde la Palabra de Dios trae a existencia el mundo, y Salmo 33: 6, 107: 20 y Proverbios. 8:27 donde la Palabra de Dios es su expresión poderosa de sí mismo en creación revelación y salvación). Juan aplico el termino como referencia exclusiva a la persona de Jesucristo. Por lo tanto, el uso de la palabra en la filosofía griega no es el único contexto del pensamiento de Juan. En sentido estratégico, la expresión del "Verbo" sirve como puente conceptual y lingüístico que no solo alcanza a los judíos, sino también a los griegos no salvos. Juan eligió este concepto porque tanto judíos como griegos estaban familiarizados con él. **el Verbo era con Dios.** El Verbo, como la segunda persona de la Trinidad, había estado en comunión intima con Dios el Padre durante toda la eternidad. Aunque el Verbo disfruto los esplendores del cielo y la eternidad con el Padre (Isaías. 6: 1- 13; cp. 12:41; 17:5).

Discusión.

El renuncio por voluntad propia a su posición suprema en el cielo para adoptar la forma de hombre y ser sometido a muerte en una cruz romana (vea las notas sobre Filipenses. 2:6-8), **era Dios.** La conjugación griega recalca que el Verbo poseía toda la esencia o los atributos de la deidad, es decir, Jesús el Mesías era Dios a plenitud (cp. Colonenses 2:9), Incluso en su encarnación al despojarse o vaciarse de si mismo. El no dejo de ser Dios, sino que adquirió el cuerpo y la naturaleza de un ser humano auténtico y por voluntad propia, se abstuvo de hacer un ejercicio independiente de sus atributos divinos. **1:1 En el principio.** A diferencia de 1 Juan 1:1, donde Juan empleo una frase similar ("desde el principio") para referirse al punto de partida del ministerio de Jesús y su predicación del evangelio, esta frase establece un paralelo con Genesis 1:1 que utiliza la misma frase. Juan utilizo esas palabras en un sentido absoluto para hacer referencia al universo material de tiempo y espacio. **era.** El verbo resalta la existencia eterna del Verbo, i.e. Jesucristo. Antes que existiera el universo, la segunda persona de la Trinidad siempre existió o siempre fue (cp. Juan. 8:58). Esta palabra se utiliza en contraste con la expresión "fue hecho" (y "fueron hechas") en el versículo 3 que apunta hacia un comienzo definido en el tiempo. Debido que el tema de Juan es Jesucristo como Dios eterno y segunda persona de la Trinidad, el no incluyo una genealogía como lo hicieron Mateo y Lucas. Aunque en términos de su humanidad Jesús contaba con una genealogía humana, en términos de su deidad El no tuvo genealogía en absoluto, **el Verbo.** Juan presto el uso del término "verbo" no solo del vocabulario del AT, sino también de la filosofía griega, en la que este término era en esencia impersonal y aludía al principio de "razón divina", "mente" o incluso "sabiduría". Sin embargo, Juan imbuyo ese término con significados propios del AT y de la teología cristina (p.ej. Genesis. 1:3 donde la Palabra de Dios trae a existencia el mundo, y Salmo 33: 6, 107: 20 y Proverbios. 8:27 donde la Palabra de Dios es su expresión poderosa de sí mismo en creación revelación y salvación). Juan aplico el termino como referencia exclusiva a la persona de Jesucristo. Por lo tanto, el uso de la palabra en la filosofía griega no es el único contexto del pensamiento de Juan.

Recapitulación.

1:1 En el principio. A diferencia de 1 Juan 1:1, donde Juan empleo una frase similar ("desde el principio") para referirse al punto de partida del ministerio de Jesús y su predicación del evangelio, esta frase establece un paralelo con Genesis 1:1 que utiliza la misma frase. Juan utilizo esas palabras en un sentido absoluto para hacer referencia al universo material de tiempo y espacio. **era.** El verbo resalta la existencia eterna del Verbo, i.e. Jesucristo. Antes que existiera el universo, la segunda persona de la Trinidad siempre existió o siempre fue (cp. Juan. 8:58). Esta palabra se utiliza en contraste con la expresión "fue hecho" (y "fueron hechas") en el versículo 3 que apunta hacia un comienzo definido en el tiempo. Debido que el tema de Juan es Jesucristo como Dios eterno y segunda persona de la Trinidad, el no incluyo una genealogía como lo hicieron Mateo y Lucas. Aunque en términos de su humanidad Jesús contaba con una genealogía humana, en términos de su deidad El no tuvo genealogía en absoluto, **el Verbo.** Juan presto el uso del término "verbo" no solo del vocabulario del AT, sino también de la filosofía griega, en la que este término era en esencia impersonal y aludía al principio de "razón divina", "mente" o incluso "sabiduría". Sin embargo, Juan imbuyo ese término con significados propios del AT y de la teología cristina (p.ej. Genesis. 1:3 donde la Palabra de Dios trae a existencia el mundo, y Salmo 33: 6, 107: 20 y Proverbios. 8:27 donde la Palabra de Dios es su expresión poderosa de sí mismo en creación revelación y salvación). Juan aplico el termino como referencia exclusiva a la persona de Jesucristo. Por lo tanto, el uso de la palabra en la filosofía griega no es el único contexto del pensamiento de Juan. En sentido estratégico, la expresión del "Verbo" sirve como puente conceptual y lingüístico que no solo alcanza a los judíos, sino también a los griegos no salvos. Juan eligió este concepto porque tanto judíos como griegos estaban familiarizados con él. **el Verbo era con Dios.** El Verbo, como la segunda persona de la Trinidad, había estado en comunión intima con Dios el Padre durante toda la eternidad. Aunque el Verbo disfruto los esplendores del cielo y la eternidad con el Padre (Isaías. 6: 1- 13; cp. 12:41; 17:5).

Imagen.

Antes que te formase en el
vientre te conocí, y antes de
que nacieses te santifiqué,
te di por profeta a las
naciones. Jeremías 1:5
Textgram

Resumiendo, este hermoso capitulo.

El renuncio por voluntad propia a su posición suprema en el cielo para adoptar la forma de hombre y ser sometido a muerte en una cruz romana (vea las notas sobre Filipenses. 2:6-8), **era Dios.** La conjugación griega recalca que el Verbo poseía toda la esencia o los atributos de la deidad, es decir, Jesús el Mesías era Dios a plenitud (cp. Colonenses 2:9), Incluso en su encarnación al despojarse o vaciarse de si mismo. El no dejo de ser Dios, sino que adquirió el cuerpo y la naturaleza de un ser humano auténtico y por voluntad propia, se abstuvo de hacer un ejercicio independiente de sus atributos divinos. **1:1 En el principio.** A diferencia de 1 Juan 1:1, donde Juan empleo una frase similar ("desde el principio") para referirse al punto de partida del ministerio de Jesús y su predicación del evangelio, esta frase establece un paralelo con Genesis 1:1 que utiliza la misma frase. Juan utilizo esas palabras en un sentido absoluto para hacer referencia al universo material de tiempo y espacio. **era.** El verbo resalta la existencia eterna del Verbo, i.e. Jesucristo. Antes que existiera el universo, la segunda persona de la Trinidad siempre existió o siempre fue (cp. Juan. 8:58). Esta palabra se utiliza en contraste con la expresión "fue hecho" (y "fueron hechas") en el versículo 3 que apunta hacia un comienzo definido en el tiempo. Debido que el tema de Juan es Jesucristo como Dios eterno y segunda persona de la Trinidad, el no incluyo una genealogía como lo hicieron Mateo y Lucas. Aunque en términos de su humanidad Jesús contaba con una genealogía humana, en términos de su deidad El no tuvo genealogía en absoluto, **el Verbo.** Juan presto el uso del término "verbo" no solo del vocabulario del AT, sino también de la filosofía griega, en la que este término era en esencia impersonal y aludía al principio de "razón divina", "mente" o incluso "sabiduría". Sin embargo, Juan imbuyo ese término con significados propios del AT y de la teología cristina (p.ej. Genesis. 1:3 donde la Palabra de Dios trae a existencia el mundo, y Salmo 33: 6, 107: 20 y Proverbios. 8:27 donde la Palabra de Dios es su expresión poderosa de sí mismo en creación revelación y salvación). Juan aplico el termino como referencia exclusiva a la persona de Jesucristo. Por lo tanto, el uso de la palabra en la filosofía griega no es el único contexto del pensamiento de Juan.

Cuadro mental.

. **1:1 En el principio.** A diferencia de 1 Juan 1:1, donde Juan empleo una frase similar ("desde el principio") para referirse al punto de partida del ministerio de Jesús y su predicación del evangelio, esta frase establece un paralelo con Genesis 1:1 que utiliza la misma frase. Juan utilizo esas palabras en un sentido absoluto para hacer referencia al universo material de tiempo y espacio. **era.** El verbo resalta la existencia eterna del Verbo, i.e. Jesucristo. Antes que existiera el universo, la segunda persona de la Trinidad siempre existió o siempre fue (cp. Juan. 8:58). Esta palabra se utiliza en contraste con la expresión "fue hecho" (y "fueron hechas") en el versículo 3 que apunta hacia un comienzo definido en el tiempo. Debido que el tema de Juan es Jesucristo como Dios eterno y segunda persona de la Trinidad, el no incluyo una genealogía como lo hicieron Mateo y Lucas. Aunque en términos de su humanidad Jesús contaba con una genealogía humana, en términos de su deidad El no tuvo genealogía en absoluto, **el Verbo.** Juan presto el uso del término "verbo" no solo del vocabulario del AT, sino también de la filosofía griega, en la que este término era en esencia impersonal y aludía al principio de "razón divina", "mente" o incluso "sabiduría". Sin embargo, Juan imbuyo ese término con significados propios del AT y de la teología cristina (p.ej. Genesis. 1:3 donde la Palabra de Dios trae a existencia el mundo, y Salmo 33: 6, 107: 20 y Proverbios. 8:27 donde la Palabra de Dios es su expresión poderosa de sí mismo en creación revelación y salvación). Juan aplico el termino como referencia exclusiva a la persona de Jesucristo. Por lo tanto, el uso de la palabra en la filosofía griega no es el único contexto del pensamiento de Juan. En sentido estratégico, la expresión del "Verbo" sirve como puente conceptual y lingüístico que no solo alcanza a los judíos, sino también a los griegos no salvos. Juan eligió este concepto porque tanto judíos como griegos estaban familiarizados con él. **el Verbo era con Dios.** El Verbo, como la segunda persona de la Trinidad, había estado en comunión intima con Dios el Padre durante toda la eternidad. Aunque el Verbo disfruto los esplendores del cielo y la eternidad con el Padre.

En el principio era el Verbo,
y el Verbo era con Dios, y
el Verbo era Dios
Juan 1:1

1:1 En el principio era el Verbo, y
el Verbo era con Dios, y el Verbo
era Dios.
1:2 Este era en el principio con
Dios.
1:3 Todas las cosas por él fueron
hechas, y sin él nada de lo que ha
sido hecho, fue hecho. (Juan)

Capitulo siete.

Jeremías, capítulo 1 y versículo 5. Antes que te formase en el vientre te conocí, y antes que nacieses de la matriz te santifiqué, te di por profeta a las naciones.

Resumen. Jeremías, capítulo 1 y versículo 5. Antes que te formase en el vientre te conocí, y antes que nacieses de la matriz te santifiqué, te di por profeta a las naciones. 1: 5 antes que te formase, esto no habla de reencarnación, sino que es el conocimiento pleno de Jeremías por parte de Dios, así como el plan soberano que tuvo diseñado para el desde antes de que fuera concebido (cp. Gálatas. 1:15, Pablo también se dio cuenta de algo similar). Mi Dios me ha conocido a mí, desde antes de que mi madre y mi padre me formara en su vientre- matriz, porque yo nací riéndome y hasta la fecha mi vida es alegre, me sonrío venga lo que venga, y mi Dios me dio un don desde antes de que me formase, que es escribir, porque con una palabra, yo puedo elaborar un libro no importa las cuartillas, que sea, tengo poco tiempo que me di cuenta de que me Dios el eterno me escogió desde antes de que formase los cielos y la tierra, soy un hijo de mi Dios, es por ello que, yo le alabo, he tenido tres accidentes que científicamente y por los médicos ,yo estaría hoy muerto, peor por la misericordia y amor de mi Dios sigo vivo, es el, y nada más el es el que me sostiene hoy día y por la eternidad.

Palabras clave. Formase, amor, Dios, Eterno, don, escribir, libros y libros, formase, vientre, santificarme, antes de que se formase los cielos y la tierra.

Introducción. Jeremías, capítulo 1 y versículo 5. Antes que te formase en el vientre te conocí, y antes que nacieses de la matriz te santifiqué, te di por profeta a las naciones. 1: 5 antes que te formase, esto no habla de reencarnación, sino que es el conocimiento pleno de Jeremías por parte de Dios, así como el plan soberano que tuvo diseñado para él desde antes de que fuera concebido (cp. Gálatas. 1:15, Pablo también se dio cuenta de algo similar). Mi Dios me ha conocido a mí, desde antes de que mi madre y mi padre me formara en su vientre- matriz, porque yo nací riéndome y hasta la fecha mi vida es alegre, me sonrío venga lo que venga, y mi Dios me dio un don desde antes de que me formase, que es escribir, porque con una palabra, yo puedo elaborar un libro no importa las cuartillas, que sea, tengo poco tiempo que me di cuenta de que me Dios el Eterno me escogió desde antes de que formase los cielos y la tierra, soy un hijo de mi Dios, es por ello que, yo le alabo, he tenido tres accidentes que científicamente y por los médicos ,yo estaría hoy muerto, pero por la misericordia y amor de mi Dios sigo vivo, es el, y nada más él es el que me sostiene hoy día y por la eternidad . Formase, amor, Dios, Eterno, don, escribir, libros y libros, formase, vientre, santificarme, antes de que se formase los cielos y la tierra. Recuerdo que, por parte de una sierva de mi Dios, el Eterno me dio nueve citas bíblicas que le dijo su sierva que me dijera que mi Dios la mando para darme esas maravillosas nueve citas que son:

1.- Deuteronomio capítulo 3 versículo 24. 9. Eclesiastés... 12.13.

2.- 1 Reyes 8:28.

3. Isaías. 41:10.

4.- Isaías, 41:13.

5. Jeremías. 31: 3.

6.Isaías 51.16.

7. Isaías 57: 15.

8. Hechos 1:8.

Metodología sistemática.

Jeremías, capítulo 1 y versículo 5. Antes que te formase en el vientre te conocí, y antes que nacieses de la matriz te santifiqué, te di por profeta a las naciones. 1: 5 antes que te formase, esto no habla de reencarnación, sino que es el conocimiento pleno de Jeremías por parte de Dios, así como el plan soberano que tuvo diseñado para él desde antes de que fuera concebido (cp. Gálatas. 1:15, Pablo también se dio cuenta de algo similar). Mi Dios me ha conocido a mí, desde antes de que mi madre y mi padre me formara en su vientre- matriz, porque yo nací riéndome y hasta la fecha mi vida es alegre, me sonrío venga lo que venga, y mi Dios me dio un don desde antes de que me formase, que es escribir, porque con una palabra, yo puedo elaborar un libro no importa las cuartillas, que sea, tengo poco tiempo que me di cuenta de que me Dios el Eterno me escogió desde antes de que formase los cielos y la tierra, soy un hijo de mi Dios, es por ello que, yo le alabo, he tenido tres accidentes que científicamente y por los médicos ,yo estaría hoy muerto, pero por la misericordia y amor de mi Dios sigo vivo, es el, y nada más él es el que me sostiene hoy día y por la eternidad . Formase, amor, Dios, Eterno, don, escribir, libros y libros, formase, vientre, santificarme, antes de que se formase los cielos y la tierra. Recuerdo que, por parte de una sierva de mi Dios, el Eterno me dio nueve citas bíblicas que le dijo su sierva que me dijera que mi Dios la mando para darme esas maravillosas nueve citas que son:

1.- Deuteronomio capítulo 3 versículo 24. 9. Eclesiastés... 12.13.

2.- 1 Reyes 8:28.

3. Isaías. 41:10.

4.- Isaías, 41:13.

5. Jeremías. 31: 3.

6.Isaías 51.16.

7. Isaías 57: 15.

8. Hechos 1:8.

Imagen.

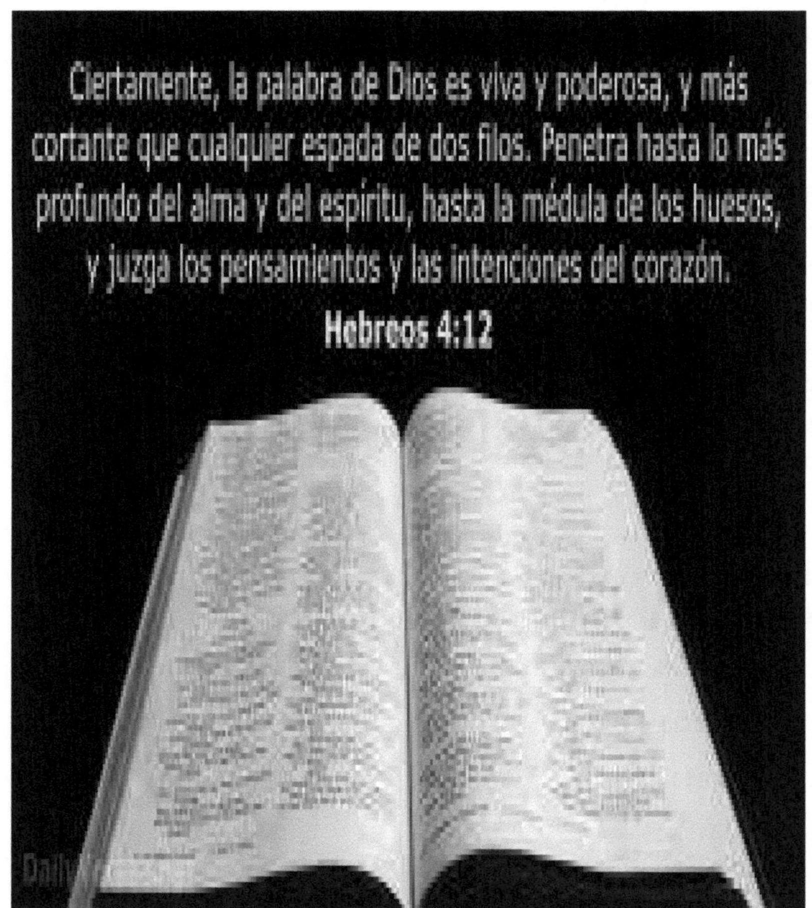
Ciertamente, la palabra de Dios es viva y poderosa, y más cortante que cualquier espada de dos filos. Penetra hasta lo más profundo del alma y del espíritu, hasta la médula de los huesos, y juzga los pensamientos y las intenciones del corazón.
Hebreos 4:12

Cuadro mental.

Jeremías, capítulo 1 y versículo 5. Antes que te formase en el vientre te conocí, y antes que nacieses de la matriz te santifiqué, te di por profeta a las naciones. 1: 5 antes que te formase, esto no habla de reencarnación, sino que es el conocimiento pleno de Jeremías por parte de Dios, así como el plan soberano que tuvo diseñado para él desde antes de que fuera concebido (cp. Gálatas. 1:15, Pablo también se dio cuenta de algo similar). Mi Dios me ha conocido a mí, desde antes de que mi madre y mi padre me formara en su vientre- matriz, porque yo nací riéndome y hasta la fecha mi vida es alegre, me sonrío venga lo que venga, y mi Dios me dio un don desde antes de que me formase, que es escribir, porque con una palabra, yo puedo elaborar un libro no importa las cuartillas, que sea, tengo poco tiempo que me di cuenta de que me Dios el Eterno me escogió desde antes de que formase los cielos y la tierra, soy un hijo de mi Dios, es por ello que, yo le alabo, he tenido tres accidentes que científicamente y por los médicos ,yo estaría hoy muerto, pero por la misericordia y amor de mi Dios sigo vivo, es el, y nada más él es el que me sostiene hoy día y por la eternidad . Formase, amor, Dios, Eterno, don, escribir, libros y libros, formase, vientre, santificarme, antes de que se formase los cielos y la tierra. Recuerdo que, por parte de una sierva de mi Dios, el Eterno me dio nueve citas bíblicas que le dijo su sierva que me dijera que mi Dios la mando para darme esas maravillosas nueve citas que son: **1.- Deuteronomio capítulo 3 versículo 24. 9. Eclesiastés... 12.13.**

2.- 1 Reyes 8:28.

3. Isaías. 41:10.

4.- Isaías, 41:13.

5. Jeremías. 31: 3.

6.Isaías 51.16.

7. Isaías 57: 15.

8. Hechos 1:8.

El profeta: Jeremías. Siervo de mi Dios el Eterno y Omnisciente.

Recapitulación.

Jeremías, capítulo 1 y versículo 5. Antes que te formase en el vientre te conocí, y antes que nacieses de la matriz te santifiqué, te di por profeta a las naciones. 1: 5 antes que te formase, esto no habla de reencarnación, sino que es el conocimiento pleno de Jeremías por parte de Dios, así como el plan soberano que tuvo diseñado para él desde antes de que fuera concebido (cp. Gálatas. 1:15, Pablo también se dio cuenta de algo similar). Mi Dios me ha conocido a mí, desde antes de que mi madre y mi padre me formara en su vientre- matriz, porque yo nací riéndome y hasta la fecha mi vida es alegre, me sonrío venga lo que venga, y mi Dios me dio un don desde antes de que me formase, que es escribir, porque con una palabra, yo puedo elaborar un libro no importa las cuartillas, que sea, tengo poco tiempo que me di cuenta de que me Dios el Eterno me escogió desde antes de que formase los cielos y la tierra, soy un hijo de mi Dios, es por ello que, yo le alabo, he tenido tres accidentes que científicamente y por los médicos ,yo estaría hoy muerto, pero por la misericordia y amor de mi Dios sigo vivo, es el, y nada más él es el que me sostiene hoy día y por la eternidad . Formase, amor, Dios, Eterno, don, escribir, libros y libros, formase, vientre, santificarme, antes de que se formase los cielos y la tierra. Recuerdo que, por parte de una sierva de mi Dios, el Eterno me dio nueve citas bíblicas que le dijo su sierva que me dijera que mi Dios la mando para darme esas maravillosas nueve citas que son:

1.- Deuteronomio capítulo 3 versículo 24.

2.- 1 Reyes 8:28.

3. Isaías. 41:10. 7. Isaías. 57: 15.

4.- Isaías, 41:13. **8.- Hechos. 1:8**

9. Eclesiastés. 12: 13.

5. Jeremías. 31: 3.

6.Isaías 51.16.

Discusión.

Jeremías, capítulo 1 y versículo 5. Antes que te formase en el vientre te conocí, y antes que nacieses de la matriz te santifiqué, te di por profeta a las naciones. 1: 5 antes que te formase, esto no habla de reencarnación, sino que es el conocimiento pleno de Jeremías por parte de Dios, así como el plan soberano que tuvo diseñado para él desde antes de que fuera concebido (cp. Gálatas. 1:15, Pablo también se dio cuenta de algo similar). Mi Dios me ha conocido a mí, desde antes de que mi madre y mi padre me formara en su vientre- matriz, porque yo nací riéndome y hasta la fecha mi vida es alegre, me sonrío venga lo que venga, y mi Dios me dio un don desde antes de que me formase, que es escribir, porque con una palabra, yo puedo elaborar un libro no importa las cuartillas, que sea, tengo poco tiempo que me di cuenta de que me Dios el Eterno me escogió desde antes de que formase los cielos y la tierra, soy un hijo de mi Dios, es por ello que, yo le alabo, he tenido tres accidentes que científicamente y por los médicos ,yo estaría hoy muerto, pero por la misericordia y amor de mi Dios sigo vivo, es el, y nada más él es el que me sostiene hoy día y por la eternidad . Formase, amor, Dios, Eterno, don, escribir, libros y libros, formase, vientre, santificarme, antes de que se formase los cielos y la tierra. Recuerdo que, por parte de una sierva de mi Dios, el Eterno me dio nueve citas bíblicas que le dijo su sierva que me dijera que mi Dios la mando para darme esas maravillosas nueve citas que son:

1.- Deuteronomio capítulo 3 versículo 24. 2.- 1 Reyes. 8:28.

3. Isaías. 41:10. 7. Isaías. 57: 15.

4.- Isaías, 41:13. 8.- Hechos. 1:8.

5. Jeremías. 31: 3. 9. Eclesiastés. 12:13.

6.Isaías 51.16.

Resumiendo, este hermoso capitulo.

Gálatas. 1:15. Pero cuando agrado a Dios, que me aparto desde el vientre de mi madre, y me llamó por su gracia. **1:15 me aparto desde el vientre de mi madre**.

Pablo no habla sobre su nacimiento y separación física de su madre, sino de ser separado o apartado para el servicio a Dios desde el momento en el que nació. La frase se refiere a la elección que Dios hizo de Pablo sin consideración de su mérito o esfuerzo personal (cp. Isaías. 49:1; Jeremías. 1:5; Lucas. 1:13-17; romanos. 9:10-23). **me llamo por su gracia.** Esto se refiere al llamado eficaz de Dios (vea la nota de Romanos 1:7). En el camino a Damasco y de forma literal, Dios trajo la salvación a Pablo, el cual ya había escogido de antemano**. Isaías. 49:1.** Oídme, costas, y escuchad, pueblos lejanos. Jehová me llamo desde el vientre, desde las entrañas de mi madre tuvo mi nombre en memoria**. 49: 1 desde el vientre, desde las entrañas de mi madre.** El mundo entero, incluidos los gentiles ("costas", pueblos lejanos"), es llamado a reconocer dos puntos significativos: (1) el Mesías y siervo será un ser humano, nacido como los demás de una mujer, pero nacido de una virgen (cp. Isaías 7:14; 41: 8, 9; Lucas. 1.30-33), y (2) El será un individuo que debe distinguirse de un grupo como la nación de Israel que también ha sido personalizada como siervo de Jehová (Isaías. 41: 8,9; Isaías. 42: 19; 10: 44:1, 2, 21, 26; 45: 4; 48: 20; 50:10). Isaías. Capitulo 59, versículo 10 dice así: ¿Quién hay entre vosotros que teme a Jehová, y oye la voz de su siervo? El que anda en tinieblas y carece de luz, confié en el nombre de Jehová, y apóyese en su Dios. **50:10, 11.** Este es un llamado a los inconversos para que crean y sean salvos, así como una advertencia para los que tratan de escapar de las tinieblas morales y espirituales por medio de encender su propio fuego (la religión de invención humana, la justicia por obras). Los cuales terminarán en el tormento eterno.

La esencia del pacto nuevo (Jeremías 31.31-34)

"Pero este es el pacto que haré con la casa de Israel después de aquellos días, dice Jehová: Daré mi ley en su mente, y la escribiré en su corazón; y yo seré a ellos por Dios, y ellos me serán por pueblo. Y no enseñará más ninguno a su prójimo, ni ninguno a su hermano, diciendo: Conoce a Jehová; porque todos me conocerán, desde el más pequeño de ellos hasta el más grande, dice Jehová; porque perdonaré la maldad de ellos, y no me acordaré más de su pecado." (Jeremías 31.33-34, RVR60) 13

Capitulo ocho.

Jeremías capítulo 31 y versículo 3. Jehová se manifestó a mi hace ya mucho tiempo, diciendo: Con amor eterno te he amado; por tanto, te prolongue mi misericordia.

Resumen. Jeremías capítulo 31 y versículo 3. Jehová se manifestó a mi hace ya mucho tiempo, diciendo: Con amor eterno te he amado; por tanto, te prolongue mi misericordia. **El amor de Cristo.** 1.- ¿Quién nos ama?

a. Dios nos ama (1 Juan. 4:9).
b. Cristo nos ama (1 Juan. 3:16).

2.- ¿Desde cuándo nos ama?

a. Desde toda la eternidad (Jeremías. 31.3).
b. Cuando aún estábamos lejos, muertos en nuestros pecados (Efesios.2:1-3; Romanos. 5:8).

3. ¿Cómo nos ama?

a. El se entrego por nosotros (Gálatas. 2:20; Efesios. 5:2).
b. El sacrifico su cuerpo por nosotros (Hebreos. 10:10).

4. ¿Qué hace el amor?

a. Hace seguidores, imitadores de Dios (Efesios.5:1).
b. Hace hijos amados y obedientes (Colosenses. 3:12).
c. Hace hijos que andan en amor (Juan. 13:34).

Palabras clave. Amor, obediencia, hijos, Dios, Jesucristo, eternidad, eternidad y misericordia.

Introducción. Jeremías capítulo 31 y versículo 3. Jehová se manifestó a mi hace ya mucho tiempo, diciendo: Con amor eterno te he amado; por tanto, te prolongue mi misericordia. **El amor de Cristo.** 1.- ¿Quién nos ama?

a. Dios nos ama (1 Juan. 4:9).

b. Cristo nos ama (1 Juan. 3:16).

2.- ¿Desde cuándo nos ama?
a. Desde toda la eternidad (Jeremías. 31.3).
b. Cuando aún estábamos lejos, muertos en nuestros pecados (Efesios.2:1-3; Romanos. 5:8).
3. ¿Cómo nos ama?
a. Él se entregó por nosotros (Gálatas. 2:20; Efesios. 5:2).
b. El sacrifico su cuerpo por nosotros (Hebreos. 10:10).
4. ¿Qué hace el amor?
a. Hace seguidores, imitadores de Dios (Efesios.5:1).
b. Hace hijos amados y obedientes (Colosenses. 3:12).
c. Hace hijos que andan en amor (Juan. 13:34).

Amor, obediencia, hijos, Dios, Jesucristo, eternidad, eternidad y misericordia.
1 Juan.4:9. En esto se mostro el amor de Dios para con nosotros, en que Dios envió a su Hijo unigénito al mundo, para que vivamos por él.

4:9 Juan presenta al lector la segunda de cinco razones por las que aman los cristianos, y consiste en seguir el ejemplo supremo del amor sacrificado de Dios al enviar a su Hijo por nosotros. El juicio del pecado en la cruz fue el ejemplo supremo del amor de Dios, pues El derramo su ira sobre su hijo quien ocupo el lugar que correspondía a los pecadores (Juan. 3:14-16; Romanos. 5.8; 2 Corintios 5:21; Efesios 5:1,2; Tito 3:4). **unigénito.** Mas de la mitad de los usos de este término en el Nuevo Testamento corresponden a Juan (p. ej. Juan. 1:14, 18; 3:16,18). Juan siempre lo aplica a Cristo para ilustrar su relación única y exclusiva con el Padre, su existencia eterna y su separación del resto de la creación. El termino recalca el carácter único e irrepetible de Cristo como el único en su clase. Fue El a quién el Padre envió al mundo como un regalo más grande que jamás ha sido dado (Juan. 17:3; 2 Corintios. 8:9) para que los hombres pudieran tener vida eterna (cp. Juan. 3.14,15; 12:24).

Metodología sistémica. Jeremías capítulo 31 y versículo 3. Jehová se manifestó a mi hace ya mucho tiempo, diciendo: Con amor eterno te he amado; por tanto, te prolongue mi misericordia. **El amor de Cristo.** 1.- ¿Quién nos ama?

IV. Dios nos ama (1 Juan. 4:9).

b. Cristo nos ama (1 Juan. 3:16).

2.- ¿Desde cuándo nos ama?

a. Desde toda la eternidad (Jeremías. 31.3).

b. Cuando aún estábamos lejos, muertos en nuestros pecados (Efesios.2:1-3; Romanos. 5:8).

3. ¿Cómo nos ama?

a. Él se entregó por nosotros (Gálatas. 2:20; Efesios. 5:2).

b. El sacrifico su cuerpo por nosotros (Hebreos. 10:10).

4. ¿Qué hace el amor?

a. Hace seguidores, imitadores de Dios (Efesios.5:1).

b. Hace hijos amados y obedientes (Colosenses. 3:12).

c. Hace hijos que andan en amor (Juan. 13:34).

Amor, obediencia, hijos, Dios, Jesucristo, eternidad, eternidad y misericordia.

1 Juan.4:9. En esto se mostró el amor de Dios para con nosotros, en que Dios envió a su Hijo unigénito al mundo, para que vivamos por él.

4:9 Juan presenta al lector la segunda de cinco razones por las que aman los cristianos, y consiste en seguir el ejemplo supremo del amor sacrificado de Dios al enviar a su Hijo por nosotros. El juicio del pecado en la cruz fue el ejemplo supremo del amor de Dios, pues El derramo su ira sobre su hijo quien ocupó el lugar que correspondía a los pecadores (Juan. 3:14-16; Romanos. 5.8; 2 Corintios 5:21; Efesios 5:1,2; Tito 3:4). **unigénito.** Mas de la mitad de los usos de este término en el Nuevo Testamento corresponden a Juan (p. ej. Juan. 1:14, 18; 3:16,18). Juan siempre lo aplica a Cristo para ilustrar su relación única y exclusiva con el Padre, su existencia eterna y su separación del resto de la creación. El termino recalca el carácter único e irrepetible de Cristo como el único en su clase. Fue El a quién el Padre envió al mundo como un regalo más grande que jamás ha sido dado (Juan. 17:3; 2 Corintios. 8:9) para que los hombres pudieran tener vida eterna (cp. Juan. 3.14,15; 12:24). **Efesios. 5:1** dice así: Sed, pues, imitadores de Dios como hijos amados. **5:1 Sed, pues, imitadores de Dios.** El cristiano no tiene llamado o propósito mas grande que el de imitar a su Señor (vea las notas sobre Juan. 3:16, 19). Ese es el propósito mismo de la santificación, crecer en semejanza al Señor mientras le servimos en la tierra (cp. Mateo. 5: 48). La vida cristiana esta diseñada para reproducir la piedad conforme al modelo del salvador y señor Jesucristo, en cuya imagen han sido recreados los creyentes mediante el nuevo nacimiento (cp. Romanos. 8:29; 2 Corintios. 3:18; 1 Pedro. 1:14-16). Como hijos amados de Dios, los creyentes deben ser cada vez mas como su Padre celestial (Mateo. 5:48;

1 Pedro. 1:15, 16). Sino, como aquel que os llamo es santo, sed también vosotros santos, en toda vuestra manera de vivir; porque escrito esta: Sed santos, porque yo soy santo. **1:15 se también vosotros santos.** La santidad define en esencia la naturaleza y conducta nuevas del Cristo que contrastan por completo con su estilo de vida anterior a la salvación. La razón para practicar una manera santa de vivir es que los cristianos están asociados con el Dios santo y deben tratarlo tanto a Él como a su Palabra con respeto y reverencia. Los creyentes glorifican a Dios de la mejor manera si son semejantes a El (vea los versículos. 16, 17; Mateo. 5:48; Efesios. 5:1; cp. Levítico. 11: 44. 45: Levítico. 18:30; 18:2; 20: 7; 21:6-8).

Discusión.

4:9 Juan presenta al lector la segunda de cinco razones por las que aman los cristianos, y consiste en seguir el ejemplo supremo del amor sacrificado de Dios al enviar a su Hijo por nosotros. El juicio del pecado en la cruz fue el ejemplo supremo del amor de Dios, pues El derramo su ira sobre su hijo quien ocupó el lugar que correspondía a los pecadores (Juan. 3:14-16; Romanos. 5.8; 2 Corintios 5:21; Efesios 5:1,2; Tito 3:4). **unigénito.** Mas de la mitad de los usos de este término en el Nuevo Testamento corresponden a Juan (p. ej. Juan. 1:14, 18; 3:16,18). Juan siempre lo aplica a Cristo para ilustrar su relación única y exclusiva con el Padre, su existencia eterna y su separación del resto de la creación. El termino recalca el carácter único e irrepetible de Cristo como el único en su clase. Fue El a quién el Padre envió al mundo como un regalo más grande que jamás ha sido dado (Juan. 17:3; 2 Corintios. 8:9) para que los hombres pudieran tener vida eterna (cp. Juan. 3.14,15; 12:24). **Efesios. 5:1** dice así: Sed, pues, imitadores de Dios como hijos amados. **5:1 Sed, pues, imitadores de Dios.** El cristiano no tiene llamado o propósito más grande que el de imitar a su Señor (vea las notas sobre Juan. 3:16, 19). Ese es el propósito mismo de la santificación, crecer en semejanza al Señor mientras le servimos en la tierra (cp. Mateo. 5: 48). La vida cristiana está diseñada para reproducir la piedad conforme al modelo del salvador y señor Jesucristo, en cuya imagen han sido recreados los creyentes mediante el nuevo nacimiento (cp. Romanos. 8:29; 2 Corintios. 3:18; 1 Pedro. 1:14-16). Como hijos amados de Dios, los creyentes deben ser cada vez más como su Padre celestial (Mateo. 5:48;

1 Pedro. 1:15, 16). Sino, como aquel que os llamo es santo, sed también vosotros santos, en toda vuestra manera de vivir; porque escrito esta: Sed santos, porque yo soy santo. **1:15 se también vosotros santos.** La santidad define en esencia la naturaleza y conducta nuevas del Cristo que contrastan por completo con su estilo de vida anterior a la salvación. La razón para practicar una manera santa de vivir es que los cristianos están asociados con el Dios santo y deben tratarlo tanto a Él como a su Palabra con respeto y reverencia. Los creyentes glorifican a Dios de la mejor manera si son semejantes a Él (vea los versículos. 16, 17; Mateo. 5:48; Efesios. 5:1; cp. Levítico. 11: 44. 45: Levítico. 18:30; 18:2; 20: 7; 21:6-8).

Recapitulación. Jeremías capítulo 31 y versículo 3. Jehová se manifestó a mi hace ya mucho tiempo, diciendo: Con amor eterno te he amado; por tanto, te prolongue mi misericordia. **El amor de Cristo.** 1.- ¿Quién nos ama?

V. Dios nos ama (1 Juan. 4:9).

b. Cristo nos ama (1 Juan. 3:16).

2.- ¿Desde cuándo nos ama?
a. Desde toda la eternidad (Jeremías. 31.3).
b. Cuando aún estábamos lejos, muertos en nuestros pecados (Efesios.2:1-3; Romanos. 5:8).
3. ¿Cómo nos ama?
a. Él se entregó por nosotros (Gálatas. 2:20; Efesios. 5:2).
b. El sacrifico su cuerpo por nosotros (Hebreos. 10:10).
4. ¿Qué hace el amor?
a. Hace seguidores, imitadores de Dios (Efesios.5:1).
b. Hace hijos amados y obedientes (Colosenses. 3:12).
c. Hace hijos que andan en amor (Juan. 13:34).

Amor, obediencia, hijos, Dios, Jesucristo, eternidad, eternidad y misericordia.

1 Juan.4:9. En esto se mostró el amor de Dios para con nosotros, en que Dios envió a su Hijo unigénito al mundo, para que vivamos por él.

4:9 Juan presenta al lector la segunda de cinco razones por las que aman los cristianos, y consiste en seguir el ejemplo supremo del amor sacrificado de Dios al enviar a su Hijo por nosotros. El juicio del pecado en la cruz fue el ejemplo supremo del amor de Dios, pues El derramo su ira sobre su hijo quien ocupó el lugar que correspondía a los pecadores (Juan. 3:14-16; Romanos. 5.8; 2 Corintios 5:21; Efesios 5:1,2; Tito 3:4). **unigénito.** Mas de la mitad de los usos de este término en el Nuevo Testamento corresponden a Juan (p. ej. Juan. 1:14, 18; 3:16,18). Juan siempre lo aplica a Cristo para ilustrar su relación única y exclusiva con el Padre.

Resumiendo, el capítulo ocho. 4:9 Juan presenta al lector la segunda de cinco razones por las que aman los cristianos, y consiste en seguir el ejemplo supremo del amor sacrificado de Dios al enviar a su Hijo por nosotros. El juicio del pecado en la cruz fue el ejemplo supremo del amor de Dios, pues El derramo su ira sobre su hijo quien ocupó el lugar que correspondía a los pecadores (Juan. 3:14-16; Romanos. 5.8; 2 Corintios 5:21; Efesios 5:1,2; Tito 3:4). **unigénito.** Mas de la mitad de los usos de este término en el Nuevo Testamento corresponden a Juan (p. ej. Juan. 1:14, 18; 3:16,18). Juan siempre lo aplica a Cristo para ilustrar su relación única y exclusiva con el Padre, su existencia eterna y su separación del resto de la creación. El termino recalca el carácter único e irrepetible de Cristo como el único en su clase. Fue El a quién el Padre envió al mundo como un regalo más grande que jamás ha sido dado (Juan. 17:3; 2 Corintios. 8:9) para que los hombres pudieran tener vida eterna (cp. Juan. 3.14,15; 12:24). **Efesios. 5:1** dice así: Sed, pues, imitadores de Dios como hijos amados. **5:1 Sed, pues, imitadores de Dios.** El cristiano no tiene llamado o propósito más grande que el de imitar a su Señor (vea las notas sobre Juan. 3:16, 19). Ese es el propósito mismo de la santificación, crecer en semejanza al Señor mientras le servimos en la tierra (cp. Mateo. 5: 48). La vida cristiana está diseñada para reproducir la piedad conforme al modelo del salvador y señor Jesucristo, en cuya imagen han sido recreados los creyentes mediante el nuevo nacimiento (cp. Romanos. 8:29; 2 Corintios. 3:18; 1 Pedro. 1:14-16). Como hijos amados de Dios, los creyentes deben ser cada vez más como su Padre celestial (Mateo. 5:48;

1 Pedro. 1:15, 16). Sino, como aquel que os llamo es santo, sed también vosotros santos, en toda vuestra manera de vivir; porque escrito esta: Sed santos, porque yo soy santo. **1:15 se también vosotros santos.** La santidad define en esencia la naturaleza y conducta nuevas del Cristo que contrastan por completo con su estilo de vida anterior a la salvación. La razón para practicar una manera santa de vivir es que los cristianos están asociados con el Dios santo y deben tratarlo tanto a Él como a su Palabra con respeto y reverencia. Los creyentes glorifican a Dios de la mejor manera si son semejantes a Él (vea los versículos. 16, 17; Mateo. 5:48; Efesios. 5:1; cp. Levítico. 11: 44. 45: Levítico. 18:30; 18:2; 20: 7; 21:6-8).

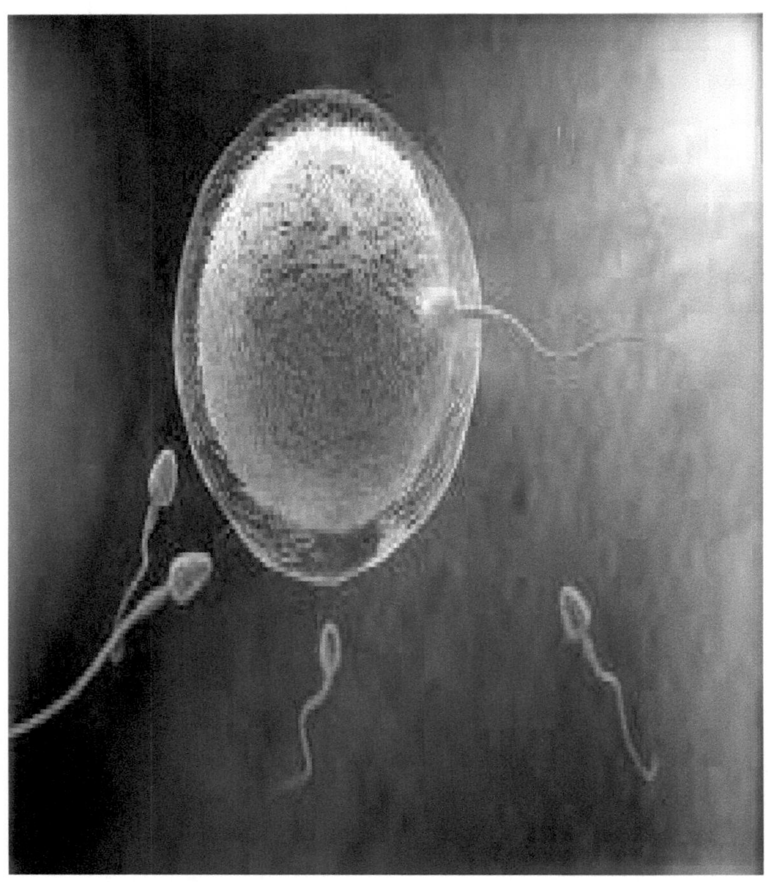

Imagen.

El profeta: Jeremías.

Cuadro mental.

Jeremías capítulo 31 y versículo 3. Jehová se manifestó a mi hace ya mucho tiempo, diciendo: Con amor eterno te he amado; por tanto, te prolongue mi misericordia. **El amor de Cristo.** 1.- ¿Quién nos ama?

VI. Dios nos ama (1 Juan. 4:9).

b. Cristo nos ama (1 Juan. 3:16).

2.- ¿Desde cuándo nos ama?

a. Desde toda la eternidad (Jeremías. 31.3).

b. Cuando aún estábamos lejos, muertos en nuestros pecados (Efesios.2:1-3; Romanos. 5:8).

3. ¿Cómo nos ama?

a. Él se entregó por nosotros (Gálatas. 2:20; Efesios. 5:2).

b. El sacrifico su cuerpo por nosotros (hebreos. 10:10).

4. ¿Qué hace el amor?

a. Hace seguidores, imitadores de Dios (Efesios.5:1).

b. Hace hijos amados y obedientes (Colosenses. 3:12).

c. Hace hijos que andan en amor (Juan. 13:34).

Amor, obediencia, hijos, Dios, Jesucristo, eternidad, eternidad y misericordia.
1 Juan.4:9. En esto se mostró el amor de Dios para con nosotros, en que Dios envió a su Hijo unigénito al mundo, para que vivamos por él.

4:9 Juan presenta al lector la segunda de cinco razones por las que aman los cristianos, y consiste en seguir el ejemplo supremo del amor sacrificado de Dios al enviar a su Hijo por nosotros. El juicio del pecado en la cruz fue el ejemplo supremo del amor de Dios, pues El derramo su ira sobre su hijo quien ocupó el lugar que correspondía a los pecadores (Juan. 3:14-16; Romanos. 5.8; 2 Corintios 5:21; Efesios 5:1,2; Tito 3:4). **unigénito.** Mas de la mitad de los usos de este término en el Nuevo Testamento corresponden a Juan (p. ej. Juan. 1:14, 18; 3:16,18). Juan siempre lo aplica a Cristo para ilustrar su relación única y exclusiva con el Padre.

Bibliografía.

(Las Sagradas Escrituras- Biblia).

1.- Barraza Cuéllar Armando. (2011). Siete Pasos para llegar a una Enseñanza-Aprendizaje. (Metas para el 2021 en la educación educativa a nivel superior de alta calidad, en el inicio de un pensamiento integral). U.S.A. Editorial Palibrio.

2.- Barraza Cuéllar Armando. (2012) ¡Como que eres maestro! España. Editorial Académica Española.

3.- Barraza Cuéllar Armando. (2012). Vamos pues a integrar: cuerpo, mente y consciencia. España. Editorial Académica Española. ISBN.

4.- Barraza Cuellar Armando. (2012) ¿Cómo le puedo hacer? Yo, para reactivar a mí: Cuerpo, a mi mente y a la inteligencia e integrarlos para sus diferentes funciones. España. Editorial Académica Española. ISBN.

5.- Barraza Cuéllar Armando. (2012). Siete pasos para llegar a la consciencia. España. Editorial Académica Española. ISBN.

6.-Barraza Cuéllar Armando. (2012). Los siete procesos de una integridad que es la enseñanza-aprendizaje. España. Editorial Académica Española. ISBN

7.- Barraza Cuéllar Armando. (2019). Enséñame tu, lo que yo no veo.
España. Editorial Académica Española. ISBN.

8.- Barraza Cuéllar Armando (2022). Tu decides, que rumbo tomas.
978- 620-2- 10386-2. Editorial Académica Española. ISBN.

9.- Barraza Cuellar Armando. (2022) Debilidades y Fortalezas para integrar, desintegrar y reintegrar. Editorial Académica española. 978- 620-2- 10798-3. ISBN.

10.- Barraza Cuellar Armando. (2023). Hoy voy a Aprender a Leer. Editorial Académica Española. 978- 620- 2- 11180-5. ISBN.

11.-Barraza Cuellar Armando. (2023). Hoy día es muy difícil encontrar un Amor Sincero. Editorial Académica Española. 978-620-2- 11421-9 ISBN.

12. Barraza Cuellar Armando, (2023) ¿Por qué nosotros los seres humanos, nos inclinamos a hacer el mal? ¡Y porque no, hacemos el bien! ISBN. 978- 620-2- 11905-4.

Printed by Books on Demand GmbH, Norderstedt / Germany